SOCIAL WORK PRACTICUM

4th Edition

사회복지 전문직 정체성 확립을 위한

사회복지현장실습

저자 순덕기

Pacific Books

머리말

사회복지사 자격증은 공식적인 국가자격증이며, 전문직종 자격증이다. 그러나 매년 사회복지사 2급 취득자가 2만명 이상 쏟아져 나오고 있으며 이대로 가면 전 국민이 사회복지사 자격증을 취득할 날도 멀지 않았다. 전문직 자격증이지만 많은 사람들에게 누구나 취득할 수 있는 자격증이며, 쉽게 취득할 수 있는 자격증으로 여겨지고 있다.

전문직이라 함은 전문직으로써 다른 일반직종과 구별되는 전문직만 갖고 있는 정체성과 전문직 고유의 지식과 기술이 있어야 한다. 사회복지사 자격증도 전문직으로서 갖는 고유한 영역이 있다.

사회복지를 전공하는 각 대학에서는 전문 사회복지사를 양성하기 위해 이론 교육을 강화하고 발전시켜 왔다. 이러한 이론교육을 실천현장에서 경험하는 것이 사회복지현장실습이다. 사회복지 현장실습은 사회복지를 전공하는 학생들이 대학에서 배워 머릿속의 이론으로만 있던 전문지식과 기술들을 실천현장에서 적용하여 전문 기술로 승화시키는 과정이다. 또한 실습생은 이러한 과정을 통하여 전문직 정체성을 형성하고 미래의 사회복지사로서 삶을 준비하는 과정이기도 하다. 이러한 측면에서 사회복지현장실습은 매우 중요한 과목으로 다루어지고 있으나 실제로는 실습생은 실습과정을 익힐 지식수준과 실습준비가 부족하며, 학계에서는 실습과목에 대한 이론적 정립이 아직 미진한 상태이고, 실습현상에서는 체계적인 실습지도가 부족한 상태이다. 특히, 사회복지현장은 매년 수없이 밀려 나오는 사회복지학과 학생들을 감당할 수 없어서 실습기관 부족 현상까지 일어나고 있다. 더구나 사회복지현장이 비영리기관에서 영리를 목적하는 다양한 복지 기관들이 설립되면서 실습생을 부족한 대체 인력으로 사용하는 악용적 사례가 빈번이 나타나고 있다. 이러한 상황에서 전문적인 능력을 갖춘 사회복지사를 양성하고 사회복지의 발전을 도모한다는 것은 어불성설이다.

적지 않는 학생들이 사회복지현장 과목을 수강하면서 사회복지에 대해 자긍심을 갖기 보다는 사회복지에 대한 정체성 혼란과 심한 갈등을 겪는 모습을 보고 교육자의 한 사람으로서 고민하는 실습생들의 목소리를 들으며 안타까운 마음으로 본 책을 집필하게 되었다.

본 책은 학교의 실습교재를 위해서가 아니요, 수퍼바이저를 위한 실습 지침서도 아니요, 다만 실습을 준비하고 실습하는 학생들에게 조금이라도 도움이 되고자 마음으로 실습생 입장에서 집필하였다. 그러므로 본 책은 실습생에게는 가장 기본적이지만 학교 교수나 수퍼바이저도 잘 다루어 주지 않는 실습과정 기록 작성법과 실습생 스스로가 실습을 주도적으로 해 갈 수 있는 임파워먼트에 중점을 두었다. 실습과정 기록이 뭐가 그리 중요한가? 라고 반문하는 사람도 있으리라 본다. 그러나 많은 실습생의 고민들이 학교나 사회복지현장에서 배운 전문직인 지식과 기술을 기록하는 방법을 잘 모르고 있다는 것이다. 이러한 고민에 본 책이 안내자가 되길 바라는 마음이다.

본 책을 통하여 실습생들의 고민을 조금이나마 해결해 줄 수 있으리라 기대해 보면서 초판에 이어 재판이 나오기 까지 뒤에서 물신양면으로 도와주신 많은 분들께 감사드린다. 사회복지 현장실습을 하면서 같이 고민하며 많은 이야기를 나눈 한국열린사이버대학교 동료 교수님들과 사회복지학과 조교들에게도 감사의 마음을 전한다.

2020년 8월

순덕기

CONTENTS

제1편 현장실습 총론

제1장 실습생 오리엔테이션 _13

제1절 실습생 오리엔테이션 ······ 13

1. 실습교육의 기본목적 ······ 13
2. 실습교육기관 자격기준 ······ 13
3. 실습교육기관의 실습지도자 자격기준 ······ 18
4. 실습생 자격조건 ······ 19
5. 실습시간 : 총 120 시간 또는 160시간 ······ 21
6. 실습수업 진행방식 ······ 22
7. 실습비 ······ 23
8. 실습생 마음가짐과 자세 ······ 24

제2장 현장실습의 개념 _27

제1절 현장실습의 의의 ······ 27

1. 사회복지 실습교육의 개념 ······ 27
2. 실습교육의 목적 ······ 28

제2절 사회복지현장실습의 주요 요소 ······ 29

1. 개인요인 ······ 31
2. 수퍼비전 요인 ······ 31
3. 실습기관 ······ 33
4. 학교 요인 ······ 34

제3장 사회복지 전문직의 정체성 _35

제1절 사회복지 전문직 정체성 ······ 35

1. 전문직의 개념 ······ 35
2. 전문직 정체성 ······ 36

제2절 현장실습과 사회복지 전문직 정체성 ······ 38

1. 사회복지 전문직 정체성 정립 ······ 38
2. 실습기관의 문제점 ······ 38

CONTENTS

제4장 현장실습과 임파워먼트 _39

제1절 실습생 임파워먼트 ········ 39
1. 임파워먼트 개념 ········ 39
2. 임파워먼트의 구성요인 ········ 39

제2절 현장실습과 임파워먼트 ········ 41
1. 사회복지현장실습과 임파워먼트 ········ 41
2. 임파워먼트와 사회복지 전문직 정체성 ········ 41
3. 임파워먼트의 매개효과 ········ 42

제3절 임파워된 실습생 만들기 ········ 42

제2편 현장실습의 실제

제5장 실습준비 _47

제1절 실습생의 자세와 역할 ········ 47
1. 사회복지사 선서 ········ 47
2. 사회복지사 윤리강령 ········ 47
3. 바람직한 실습생의 자세 ········ 51

제2절 실습준비 서류 작성 사례 ········ 59
1. 실습계약서 실제 작성 ········ 59
2. 실습신청서 ········ 61

제6장 사회복지현장실습 진행절차 _69

[1단계] 실습교재/안내서 숙지 및 강의수강 ········ 69
[2단계] 실습지 선정 및 제출서류 ········ 69
[3단계] 학교에서 실습기관에 실습의뢰 공문발송 ········ 70
[4단계] 실습진행 ········ 70
[5단계] 실습과제 제출(학생▶학교) ········ 70
[6단계] 우편제출 서류(기관▶학교) ········ 71
[7단계] 실습평가 ········ 71
[기타사항] ········ 72

CONTENTS

제7장 실습내용 _73

제1절 실습기간 동안 습득해야 할 전문 기술 ···· 73
1. 습득해야 할 전문 기술 내용 ···· 73
2. 실습을 통해 배워야할 핵심적인 내용 ···· 74

제2절 수퍼비전 내용 ···· 75
1. 수퍼비전 원칙 ···· 75
2. 실습기관의 수퍼비전 ···· 76
3. 교육기관의 수퍼비전 ···· 76

제3편 실습보고서 작성법

제8장 실습일지보고서 _81

제1절 사회복지 실습일지 기록의 개요 및 양식 ···· 81
1. 실습일지의 의의와 목적 ···· 81
2. 실습일지 기록의 기본원칙 ···· 81

제2절 실습일지 기록의 실제 사례 ···· 84
1. 실습일지 기록 사례 1 ···· 84
2. 실습일지 기록 사례 2 ···· 86
3. 실습일지 기록 사례 3 ···· 88

제9장 실습기관 분석 보고서 _89

제1절 기관분석보고서 작성 ···· 89
1. 기관분석보고서 목적 ···· 89
2. 기관분석보고서 작성법 ···· 89

제2절 기관분석보고서 작성의 실제 ···· 91
1. 기관분석보고서 작성 사례 1 ···· 91
2. 기관분석분고서 작성 사례 2 ···· 91

CONTENTS

제10장 실습 평가서 _103

제1절 실습중간평가서 103

1. 실습평가의 목적 103
2. 실습중간평가서 내용 103
3. 실습종결평가서 내용 105

제2절 실습중간평가서 작성 사례 107

1. 실습중간평가서 작성 사례 1 107
2. 실습생자기평가서 실제 사례 2 112

제3절 실습종결평가서 작성 사례 114

1. 실습종결평가서 작성 사례 1 114
2. 실습종결평가서 작성 사례 2 125

제11장 프로그램 개발과 평가 _131

제1절 프로그램 개발과 평가의 중요성 131

1. 프로그램 개발의 필요성 131
2. 프로그램 개발 작성법 132
3. 프로그램 평가서 구성내용 136
4. 프로그램 평가의 종류 138

제2절 프로그램 개발과 평가 작성 사례 139

1. 프로그램 개발 사례 1 139
2. 프로그램 개발 사례 2 141
3. 프로그램 평가서 작성 사례 145

제12장 사회복지사 자격증 _149

제1절 사회복지사 자격기준 149

1. 사회복지사업법에 의한 사회복지사 자격기준 149
2. 사회복지사의 등급별 자격기준 151

제2절 자격증 신청 방법 152

1. 자격증 신청절차 152
2. 연회비 및 수수료 152
3. 자격증 신청 구비서류 153
4. 재학생 자격증 신청절차 153
5. 시간제 학생 자격증 신청절차 154

CONTENTS

제4편 실습보고서 작성의 실제

[사회복지실습보고서] ······ 159
[실급기관 분석 보고서] ······ 175
[실습중간평가서] ······ 178
[실습종결평가서] ······ 180

참고문헌 ······ 183

부록 사회복지실습 관련 양식

[실습보고서 양식] ······ 195

1. 사회복지현장실습 관련 서식 – 교육기관용 ······ 195
   [교육기관 1] 실습의뢰서 ······ 195
   [교육기관 2] 실습신청서 ······ 196
   [교육기관 3] 실습생 프로파일 ······ 197
   [교육기관 4] 사회복지현장실습생의 자세 ······ 200

2. 사회복지현장실습 관련 서식 – 실습기관용 ······ 201
   [실습기관 1] 실습신청의뢰서 ······ 201
   [실습기관 2] 실습지도계획서 ······ 202
   [실습기관 3] 실습지도자 프로파일 ······ 203
   [실습기관 4] 실습의뢰에 대한 회신 ······ 204
   [실습기관 5] 실습생 출근부 ······ 205
   [실습기관 6] 실습지도 기록서 ······ 206
   [실습기관 7] 실습평가서(교육기관 발송용) ······ 207
   [실습기관 8] 사회복지현장실습 교육 수료증 ······ 211

CONTENTS

3. 사회복지현장실습 관련 서식–실습생용 ······ 212
[실습생 1] 실습생 서약서 ······ 212
[실습생 2] 실습 계약서 ······ 213
[실습생 3] 실습일지 ······ 214
[실습생 4] 실습기관 분석 보고서 ······ 215
[실습생 5] 사례관리 계획서 ······ 216
[실습생 6] 사례관리 진행일지 ······ 217
[실습생 7] 사례관리 종결기록서 ······ 218
[실습생 8] 집단지도 계획서(소집단용) ······ 219
[실습생 9] 집단과정 일지(소집단용) ······ 220
[실습생 10] 집단의 개별회원 분석표(소집단용) ······ 221
[실습생 11] 집단 종결 기록서(소집단용) ······ 222
[실습생 12] 프로그램 계획서(대집단 및 지역사회복지) ······ 223
[실습생 13] 프로그램 평가서(대집단 및 지역사회복지) ······ 224
[실습생 14] 사회복지정책 분석 보고서(정책개발 및 평가) ······ 225
[실습생 15] 사회행동, 옹호활동 보고서(사회행동) ······ 226
[실습생 16] 홍보기획서 ······ 227
[실습생 17] 개별면접 일지 ······ 228
[실습생 18] 가족상담 기록서 ······ 229
[실습생 19] 사회조사 계획서 ······ 230
[실습생 20] 사회조사 진행일지 ······ 231
[실습생 21] 사회조사 분석평가서 ······ 232
[실습생 22] 기관방문분석 보고서 ······ 233
[실습생 23] 지역탐방 보고서 ······ 234
[실습생 24] 실습 중간평가서 ······ 235
[실습생 25] 실습평가서 ······ 236
[실습생 26] 사회복지현장실습확인서 ······ 238
[실습생 27] 실습생 출근부 ······ 239

제1편

현장실습 총론

제1장 실습생 오리엔테이션
제2장 현장실습의 개념
제3장 사회복지 전문직의 정체성
제4장 현장실습과 임파워먼트

제1장

실습생 오리엔테이션

제1절 실습생 오리엔테이션[1)]

1. 실습교육의 기본목적

1) 대학에서 습득한 사회복지에 관한 가치, 지식 및 기술을 실천현장에 적용해본다.
2) 사회복지 실습현장에서 클라이언트체계의 문제를 확인하고 정보를 수집하며, 조직화, 분석, 개입계획의 수립과 이행, 개입노력에 대한 평가과정을 경험하게 함으로써 새로운 지식과 기술을 습득한다.
3) 지역사회 대상의 특성과 자원에 대한 지식을 활용할 수 있는 능력을 기른다.
4) 사회복지 시설 및 기관의 조직, 정책, 절차에 적응할 수 있는 경험적 이해를 증진시키고 능력을 함양한다.
5) 사회복지 실천에 대한 자신의 적성을 점검해 볼 수 있는 기회를 제공한다.
6) 사회복지사로서의 자아인식을 증진시키고 전문직 정체감을 형성한다.

2. 실습교육기관 자격기준

사회복지실습교육의 자격기준은 사회복지사업법 제2조 1호에 의해 사회복지사업을 행하는 시설 및 법인 등의 기관으로 명시하고 있다.

사회복지사업법 제2조 1항은 다음과 같다.

“사회복지사업”이란 다음 각 목의 법률에 따른 보호·선도(善導) 또는 복지에 관한 사업과 사회복지상담, 직업지원, 무료 숙박, 지역사회복지, 의료복지, 재가복지(在家福祉), 사회복지관 운영, 정신질환자 및 한센병력자의 사회복귀에 관한 사업 등 각종 복지사업과 이와 관련된 자원봉사활동 및 복지시설의 운영 또는 지원을 목적으로 하는 사업을 말한다.

---

1) 본 실습 오리엔테이션 내용은 한국열린사이버대학교 실습생을 중심으로 편성된 내용으로 각 학교마다 수업방식에 따라 차이가 있음.

가. 「국민기초생활 보장법」
나. 「아동복지법」
다. 「노인복지법」
라. 「장애인복지법」
마. 「한부모가족지원법」
바. 「영유아보육법」
사. 「성매매방지 및 피해자보호 등에 관한 법률」
아. 「정신보건법」
자. 「성폭력방지 및 피해자보호 등에 관한 법률」
차. 「입양특례법」
카. 「일제하 일본군위안부 피해자에 대한 생활안정지원 및 기념사업 등에 관한 법률」
타. 「사회복지공동모금회법」
파. 「장애인·노인·임산부 등의 편의증진 보장에 관한 법률」
하. 「가정폭력방지 및 피해자보호 등에 관한 법률」
거. 「농어촌주민의 보건복지증진을 위한 특별법」
너. 「식품기부 활성화에 관한 법률」
더. 「의료급여법」
러. 「기초노령연금법」
머. 「긴급복지지원법」
버. 「다문화가족지원법」
서. 「장애인연금법」
어. 「장애인활동 지원에 관한 법률」
저. 「노숙인 등의 복지 및 자립지원에 관한 법률」
처. 「보호관찰 등에 관한 법률」
커. 「장애아동 복지지원법」

위의 내용을 정리하면 다음과 같이 요약할 수 있다.

분 류	내 용
기관실습(이용시설)	종합사회복지관, 단종복지관(노인, 아동, 청소년), 자활후견기관, 정신보건센터, 병원, 자원봉사센터 등
생활시설	아동복지시설(아동양육시설, 일시보호시설), 장애인생활시설, 노인생활시설(요양원) 등
사단법인·재단법인	관청의 허가를 받은 단체로 사회복지사업을 목적으로 하는 비영리 단체
근무지실습	절대불가

1) 한국사회복지사협회 실습기관 등록기관에서만 실습 가능

2020년 1월 사회복지법 시행규칙 개정에 따른 실습기관은 반드시 사회복지사업을 수행하는 기관, 법인, 또는 단체로 실습지도자가 2명 이상 상근해야 하며, 보건복지부장관으로부터 선정받은 기간에서만 진행해야 한다.

보건복지부장관이 선정한 기관은 한국사회복지사협회 자격증관리센터(http://lic.welfare.net)에 이미 선정 등록되었다. 실습생들은 실습기관 선정 시 반드시 한국사회복지사협회 자격증관리 센터에서 사회복지현장 실습기관으로 선정기관에서만 실습이 가능한다.

□ 기관실습 변경사항

구분	기존	변경
실습시간	**<u>120시간</u>** 이상	**<u>160시간</u>** 이상
실습기관	사회복지사업법 제2조제1항에 따른 사회복지사업과 관련된 법인, 시설, 기관 및 단체	① 사회복지사업을 수행하는 기관, 법인, 시설 또는 단체 ② 실습지도자가 2명 이상 상근 ③ 보건복지부장관으로부터 선정
실습지도자	1급 사회복지사 자격증을 취득한 이후 3년 이상의 사회복지사업 실무경험이 있거나 2급 사회복지사 자격증을 취득한 이후 5년 이상의 사회복지사업 실무경험이 있을 것	① 1급 사회복지사 자격증을 취득한 이후 3년 이상의 사회복지사업 실무경험이 있거나 2급 사회복지사 자격증을 취득한 이후 5년 이상의 사회복지사업 실무경험이 있을 것 ② 기관실습이 실시되는 연도의 전년도에 8시간 이상의 보수교육 이수

실습기관 선정은 매우 중요하다. 실습기관 선정 시 고려할 내용들은 우선적으로 실습생에게 가장 적성에 맞는 분야와 거리를 고려해야 한다.

요즈음은 사회복지현장에서 직원을 채용할 때 실습을 잘 하는 실습생을 직원으로 채용하는 사례가 늘고 있다. 실습이 곧바로 실천현장의 업무와 직결된다. 즉, 실습을 잘하는 학생이 사회복지실천현장에서 업무가 잘하기 때문이다.

그러므로 실습생이 미래의 직장을 구한다는 심정으로 실습기관을 선정하고 선정한 후에는 최선을 다해서 실습에 임해야 한다.

실습기관마다 차이가 있으나 실습지도 체계가 가장 구축되어 있는 지역사회복지관은 통상 방학 중에 실습을 실시하여 보통 3개월 전에 실습생을 모집한다. 좋은 실습기관을 선정하기 위해서는 적어도 1학기 전부터 실습기관에 대한 정보를 수집해야 한다.

2) 실습기관 선정절차

순서	진행자	내용	실습 의뢰 과정 및 절차
1	학생	실습기관 의뢰	학생이 실습기관을 직접 접촉하여 실습 수락을 받는다.
2	학생	실습기관 선정	[실습신청게시판]에 "실습신청서"와 "실습생소개서"를 작성한다.
3	교수(조교)	실습기관에 실습의뢰	학생이 작성한 신청게시판을 근거로 실습기관에 공문발송
4	실습 기관	수락서	공문접수 후 실습기관은 수락서를 학교로 발송
5	조교 & 학생	공문접수 확인	실습조교와 학생은 발송한 공문이 기관에 잘 도착했는지 최종 확인한다.
6	교수(조교)	최종 공문발송자 명단발표	실습조교는 최종적으로 확인된 공문발송자 명단을 발표한다.

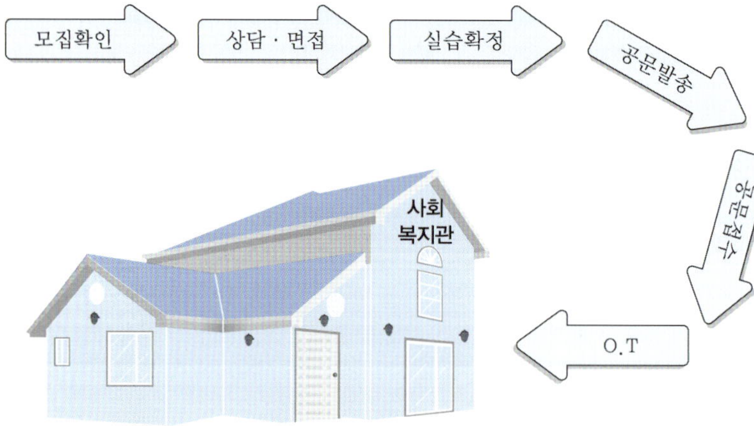

그림 1-1 실습기관 선정 절차

3) 좋은 실습기관 선정을 위한 전략

(1) 선배 및 인터넷에서 실습기관 정보를 파악할 것 : 기존 실습기관 목록표 참고

(2) 사전에 실습하고자 하는 기관을 방문할 것 : 전화통화만 하지 말고 직접방문

(3) 실습하고자 하는 기관에서 6개월 이상 자원봉사할 것
(4) 생활시설보다는 이용시설(복지관)에서 실습할 것
(5) 실습을 취업으로 생각하여 최선을 다할 것

4) 실습생 모집절차

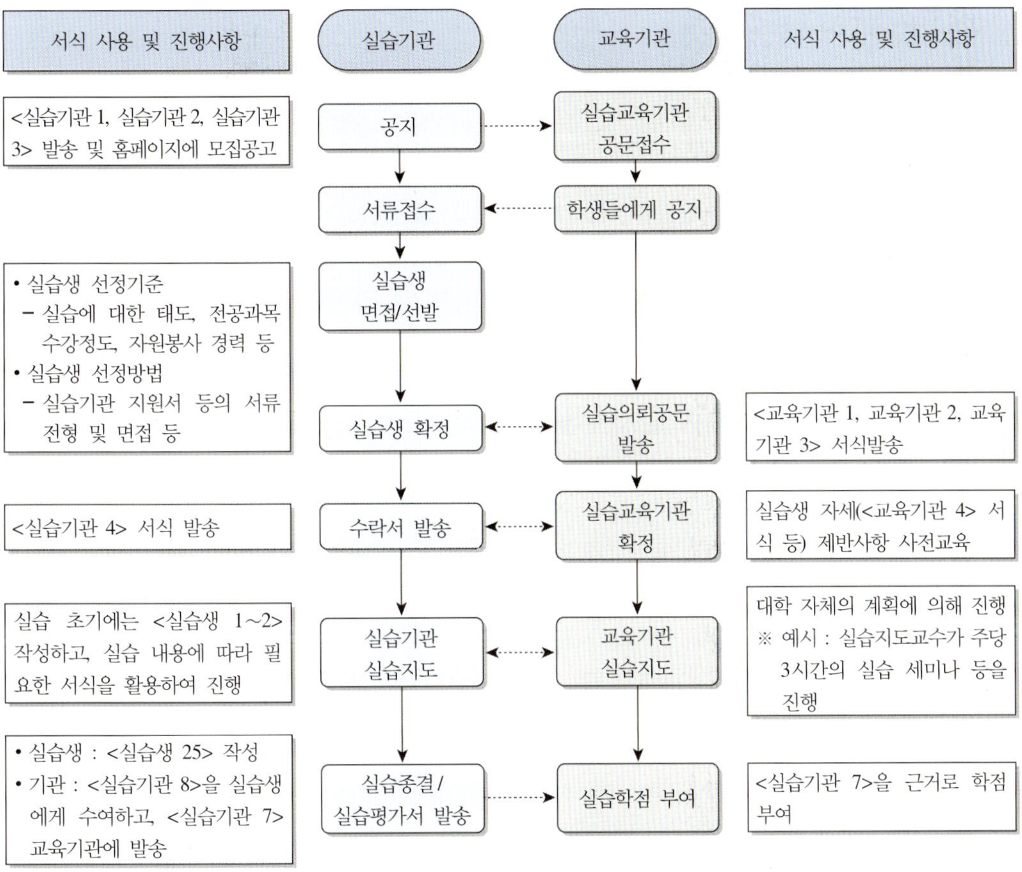

출처 : 한국사회복지사협회, 「2010 사회복지현장실습 안내서」

한국사회복지사협회 자격증관리센터(http://lic.welfare.net)

3. 실습교육기관의 실습지도자 자격기준

1) 실습지도자 조건

(1) 사회복지사 1급 자격증 소지자 : 해당분야의 실무경력 최소 3년 이상인 자
(2) 사회복지사 2급 자격증 소지자 : 해당분야의 실무경력 최소 5년 이상인 자
(3) 실습지도자의 실무경력은 사회복지사 자격증 취득 후 경력이 인정됨
(4) 기관실습이 실시되는 연도의 전년도에 8시간 이상의 보수교육 이수 자
(5) 실습지도자의 지도인원 1인당 5명 이내 및 1년에 20명 제한

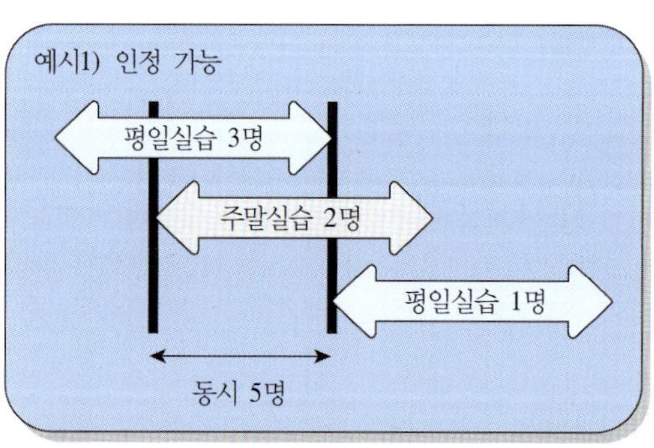

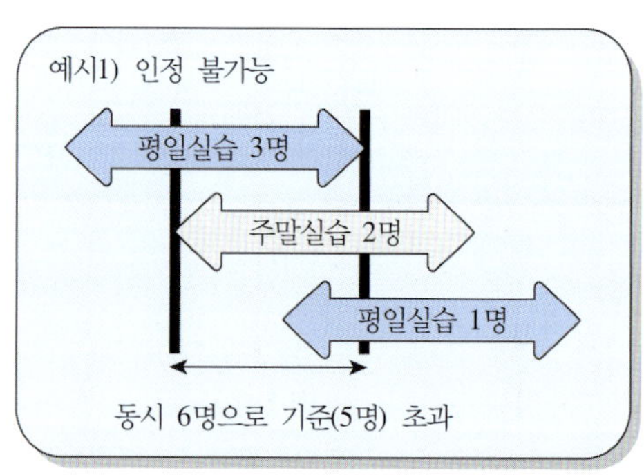

※ 평일실습, 주말실습, 주간실습, 야간실습 등 구분없이 모두 동일한 사회복지현장실습 1건으로 보며, 같은 기간 내에 5명 초과하여 지도할 수 없음

> **※ 적용사례**
> [예시 1] 사회복지사 1급 자격증을 교부받은 후 3년 이상 사회복지 실무경험자
> [예시 2] 사회복지사 2급 자격증을 교부받은 후 5년 이상 사회복지 실무경험자
> [예시 3] 사회복지사 2급 자격증을 교부받은 후 4년 사회복지 실무경험이 있고, 1급으로 승급 후 1년 사회복지 실무경험자
> [예시 4] 사회복지사 2급 자격증을 교부받은 후 6년 사회복지 실무경험이 있고, 1급으로 승급 후 6개월 사회복지 실무경력자

2) 실습지도자 윤리

(1) 실습지도자는 개인적인 이익 추구를 위해 자신의 지위를 이용해서는 안된다.
(2) 실습지도자는 전문적 기준에 의해 공정하게 책임을 수행하며, 실습생에 대한 평가는 실습생과 공유해야 한다.
(3) 실습지도자는 실습생에 대해 인격적, 성적으로 수치심을 주는 행위를 해서는 안된다.
(4) 실습지도자는 보다 내실 있고 전문적인 실습지도를 위해 한국사회복지사협회 등 관련단체에서 진행하는 실습지도자를 위한 교육을 통해 실습지도자로서의 전문지식과 기술, 능력을 향상시킬 수 있도록 노력해야 한다.

4. 실습생 자격조건

1) 필수과목 : 4과목 이상 이수

(1) 사회복지기초 : 사회복지개론, 인간행동과 사회환경, 사회복지조사론
(2) 사회복지실천 : 사회복지실천론, 사회복지실천기술론, 지역사회복지론
(3) 사회복지정책과 제도 : 사회복지정책론, 사회복지행정론, 사회복지법제

2) 선택과목 : 2과목 이상 이수 권장

아동복지론, 청소년복지론, 노인복지론, 장애인복지론, 여성복지론, 가족복지론, 산업복지론, 의료사회사업론, 학교사회사업론, 정신건강론, 교정복지론, 사회보장론, 사회문제론, 자원봉사론, 정신보건사회복지론, 사회복지지도감독론, 사회복지자료분석론, 프로그램 개발과 평가, 사회복지발달사, 사회복지윤리와 철학

* 2020년 1월 사회복지사업 시행규칙 일부개정에 따른 변경 및 추가 교과목

□ 명칭이 변경되는 교과목		
➢ 이수연도(시행일 이전, 시행일 이후)와 관계없이 변경 전 교과목명과 변경 후 교과목명 모두 인정		
사회복지개론 → 사회복지학개론	사회복지법제 → 사회복지법제와 실천	사회복지발달사 → 사회복지역사
의료사회사업론 → 의료사회복지론	정신보건사회복지론 → 정신건강사회복지론	학교사회사업론 → 학교사회복지론

□ 신규 개설되는 교과목			
➢ 시행일 이후 사회복지사 자격증을 신청하는 경우 시행일 전에 이수한 교과목도 선택과목으로 인정			
가족상담 및 가족치료	국제사회복지론	복지국가론	빈곤론
사례관리론	사회복지와 문화다양성	사회복지와 인권	

적용예시 1) 시행일 이후 '사회복지개론'을 이수할 경우 '사회복지학개론'으로 인정

적용예시 2) 시행일 이후 자격증 신청을 할 경우 '가족상담 및 가족치료'를 이수한 경우 선택과목 중 1과목 이수한 것으로 인정

적용예시 3) 시행일 이전 신규 교과목(7개 과목) 중 일부 또는 전부를 이수하였더라도 변경 전 법령에 따른 교과목을 1과목도 이수하지 않은 경우 변경된 법령 적용
(변경된 법령 기준 : 필수과목 10과목, 선택과목 7과목, 사회복지현장실습 160시간 이상 이수 등등)

3) 실습생 자격요건(한국열린사이버대학교 사회복지학과 실습생 예시)

(1) 사회복지현장실습 대상자 : 선수과목 이수 완료한 3학년 또는 4학년, 시간제 등록생

(2) 실습선수조건

구 분	조 건
재학생	아래의 과목(전공필수) 중 4개 과목 이상을 이수한 자 ① 사회복지기초(사회복지개론, 인간행동과 사회환경, 사회복지조사론) ② 사회복지실천(사회복지실천론, 사회복지실천기술론, 지역사회복지론) ③ 사회복지정책과 제도(사회복지정책론, 사회복지행정론, 사회복지법제)
시간제	① 본교에서 사회복지학과 전공과목 3과목 이상 이수자 ② 타교육기관에서 사회복지사 3과목 이상 이수하고 실습과목 포함하여 두과목 수강신청자 ③ 타교육기관에서 사회복지사 3과목 미만 이수하고 실습과목 포함하여 세과목 수강신청자 ④ 위 조건 중 하나 이상 해당하는 자

(3) 실습기관의 종류에 따라 관련 과목을 먼저 수강할 것을 권장(기관에서 요구할 수도 있음)
  예) 실습기관이 장애인복지관일 경우 장애인 복지론 선 수강
(4) 프로그램 개발과 평가 과목은 기본적으로 수강하고 실습할 것

5. 실습시간 : 총 120 시간 또는 160시간

2020년 1월 1일부터 사회복지사업법 시행규칙 일부 개정에 따라 실습생의 실습시간이 120시간에서 160시간으로 변경되었다. 그러므로 2020년 1월 이전과 이후로 실습시간이 달리 적용된다. 실습시간은 법령의 시행일(2020년 1월 1일) 기준에 따라 사회복지관련 교과목 이수 여부로 판단한다.

① 사회복지사업법 시행규칙에 따른 '사회복지학 전공교과목과 사회복지관련 교과목'을 시행일 이전에 1과목이라도 이수하고 있다면 변경 전 법령에 따라 적용
  가. 변경 전 법령 기준: 필수과목 10과목과 선택과목 4과목 이상, 사회복지현장실습 120시간 이상 실습
  나. 사회복지전공 학과생이 시행일 당시 사회복지관련 교과목을 1과목도 이수하지 않은 경우 개정 법령을 적용하여 160시간 이상 실습(현행 사회복지법은 학과기준이 아니고 교과목 기준임)

다만, 사회복지현장실습 교과목을 시행일 이후에 수강한다면 실습시간은 기존 법령에 따라 120시간 이상 이수하되, 실습기관은 보건복지부장관이 선정하는 기관에서 실습을 하여야 함

□ 사회복지현장실습 적용기준

구분	실습시간	실습기관	실습세미나
2019년 12월 31일까지 사회복지현장실습을 이수하거나 수강하고 있는 경우	120시간	종전기준에 따른 실습기관	–
2019년 12월 31일까지 일부 교과목을 이수하였거나 수강하고 있고, 사회복지현장실습 교과목을 2020년 1월 1일 이후 수강하는 경우	120시간	보건복지부장관 선정기준	–
2020년 1월 1일 이후 모든 교과목을 수강하는 경우	160시간	보건복지부장관 선정기관	30시간

* '수강하고 있는'은 교육기관의 해당교과목 수업기간을 기준으로 적용됨

적용예시 1) 사회복지현장실습 교과목의 수강 시작일이 2020년 1월 1일 이후인 경우 2020년 1월 1일 이후 보건복지부장관이 선정하는 기관에서 실습하여야 함(2019년도 사전실습 불인정)
적용예시 2) 사회복지현장실습 교과목의 수강 시작일이 2019년 12월 31일 이전인 경우 종전 기준에 의한 실습기관에서 기관실습 가능(교과목개설기간이 2019년 12월 10일~2020년 2월 10일 경우 변경 전 법령에 따라 기관실습 가능)

1) 1일 실습시간은 최소 4시간이상 8시간 이하
2) 주 1~7일 중 선택 가능 : 매일 연속적으로 실시해도 되며, 주 1회 또는 주 2회 이상 실습도 가능함
3) 생활시설에서의 숙식실습 : 생활시설에서 24시간 숙식을 할 경우에도 1일 실습 인정시간은 8시간 임
4) 실습기관 및 실습생의 상황에 따라 공휴일, 주말 등을 이용하여 실습 가능
   반드시 수퍼바이저 지도하에서 실습

6. 실습수업 진행방식

1) 실습기관 : 수퍼바이저

(1) 수퍼비전 시간
   ① 주단위로 실습할 경우(학기 중 실습) : 주당 1회, 1회당 60분 이상 지도
   ② 연속적인 실습일 경우(방학 중 실습) : 주당 최소 3회 이상 지도
(2) 기관실습의 운영
   ① 실습인원 : 기관실습 지도자 1명이 동시에 지도할 수 있는 학생 수는 5명 이내
   ② 실습시간 : 실습지도자의 근로시간 내에 실시, 1일 최소 4시간 이상 최대 8시간 이하
(3) 실습종결 후 학교에 제출할 서류 : 성적 및 자격증 신청에 필요한 서류이므로 실습생이 실습 종결 후 확인 할 것. 서류는 인봉 처리하여 우편으로 발송
   ① 실습확인서 : 실습교재(부록참고)
   ② 실습평가서 : 실습교재(부록참고)
   ③ 출석부 : 실습교재(부록참고)

2) 실습학교

(1) 실습세미나

① 실습세미나는 사회복지현장실습 교과목의 일부로 별도의 수업 개설이 필요하지 않음(교육기관에서 필요에 의해 별도 개설한 경우 인정가능)

② 실시기준 : 1회당 2시간 이상을 총 15회 실시, 한 세미나에 참여하는 학생 수는 30명 이내

③ 온라인 교육을 실시하는 교육기관의 실습세미나는 대면 방식의 세미나를 3회 이상 실시(주 1회 초과 할 수 없음)

(2) 실습지도교수

① 실습세미나 교수 기준 : 학사, 석사 또는 박사 학위 중 2개 이상의 학위를 사회복지학 전공으로 취득한 사람으로서 3년 이상의 사회복지학 교육경험 또는 3년 이상의 사회복지사업 실무경험이 있는 교수가 지도

※ 사회복지학 교육경험 : 고등교육법 제2조에 따른 학교 또는 학점인정 등에 관한 법률 시행령 제3조에 따른 교육훈련기관에서의 사회복지학 교육경험

※ 사회복지사업 실무경험 : 사회복지사 자격증을 취득한 이후의 사회복지사업 실무경험

② 실습지도교수 : 실습지도 및 기관방문

③ 온라인수업진행(한국열린사이버대학교 경우 온라인 15주 수업 진행)

가. 수업시간 : 15주 진행, 4회 이상 온라인 수업 참석하지 않으면 F학점 처리

나. 과제제출 : 실습신청서와 실습생소개서 : 실습신청게시판에 직접작성
실습일지/기관분석보고서/실습중간평가서/실습종결평가서

다. 과제제출방법 : 실습과제(실습일지, 기관분석보고서, 실습중간평가서, 실습종결평가서)는 [사이버강의실]−[시험/과제]−[리포트]에 한 개의 파일 묶어 실습종결 후 제출

라. 실습평가 : 100만점

- 중간고사 : 10점
- 기말고사 : 10점
- 과제 : 20점(실습일지, 기관분석보고서, 실습중간평가서, 실습종결평가서)
- 실습기관평가 : 50점(실습평가서)
- 출석 : 10점(온라인 수업 : 4회 이상 결석 시 F학점)

7. 실습비

실습교육기관에 납부하는 실습지도비는 기관의 상황에 준하여 정하도록 한다.
통상적으로 100,000~200,000원 정도가 적당하다.

8. 실습생 마음가짐과 자세

학생(실습생)입장에서는 실습 전, 실습 중, 실습 후로 나누어 설명하되 실습 중 역할을 보다 세분화하여 정리하면 다음과 같다.

1) 실습 전 해야 할 일

(1) 평소 관심 있는 사회복지 관련분야를 찾아야 한다. 취업만을 목적으로 실습을 이용해서는 안 되겠지만 장래 진로문제와 연계시켜보고, 사회복지실천에 대한 자신의 잠재능력을 확인해 볼 수 있는 분야 및 기관을 방문하여 자원봉사활동 등을 통해 스스로 희망 실습기관을 찾아보아야 한다.

(2) 실습기관에 대한 정보를 갖고 도움이 될 만한 실습기관을 찾아야 한다. 선배들의 실습파일, 실습보고회, 평가회를 통해서 사전 정보를 얻을 수 있으며, 사전에 기관을 방문하고 오리엔테이션을 받기도 하고, 타교생과 교류할 수 있고 케이스워크 기술을 배울 수 있는 실습기관 및 실습에 대한 기본 계획이 구체적으로 짜여져 체계적으로 실습을 지도할 수 있는 곳을 찾아야 한다.

(3) 실습분야와 관련된 책 또는 논문들을 미리 읽어서 실습에 필요한 기초적 이론을 학습한 후 실습에 임할 수 있도록 해야 하며, 실습기관에서 적용해 보고 싶은 프로그램을 사전에 구상해 보아야 한다.

(4) 개인의 실습목표를 명확히 세워야 한다. 실습에 대한 확실한 목적의식을 갖고 실습에 임해야 하며, 문제의식과 연구 과제를 갖고 실습에 임해야 한다.

(5) 학교, 학과, 자기소개서 등의 자료를 준비해 두어야 한다.

(6) 사전 준비물, 교통편, 숙식 제공여부 등을 파악해야 한다.

(7) 실습 및 실습일정에 따른 확인전화, 실습신청 접수여부 등을 확인해야 한다.

(8) 너무 큰 기대보다는 노력하는 만큼 배운다는 사실을 명심해야 한다.

2) 실습 중 해야 할 일

① 실습생으로서의 자세를 유지해야 한다. 적극적이고 긍정적인 자세와 성실하고 겸손한 태도로서 실습생 신분을 유지함은 물론 실습에 적합한 복장을 하며 언행에 주의하고, 실습생 상호간의 예절을 지키며 원만한 인간관계를 유지하고, 실습기관의 운영방침과 실습규정 및 실습지도자의 지시에 잘 따라야 한다. 또한 실습기관의 분위기에 잘 융화되도록 노력해야 하고, 사회복지 현장의 현실을 그대로 수용하고 이해하며, 문제라고 생각되면 솔직하게 질문하여 복지기관의 편견이나 오해를 풀어야 한다.

② 항상 연구하고 배우는 자세로 임해야 한다. 즉, 타교 동료실습생과 폭넓은 대화로 각 학교간

정보교환의 기회로 활용하고 동료실습생을 통해 간접경험의 폭을 증대시키며, 학교에서 배운 이론을 구체적으로 적용해 보려는 노력과 함께 이론과 현실의 차이를 느끼면서 현실에 맞는 자신의 이론을 정립해야 한다. 실습기관을 통해 우리나라 사회복지현실을 이해하는 것과 실습을 통해 확고한 사회복지철학을 확립하고 실습과정에서 생긴 문제점을 지도교수와 상의함은 물론 가능한 많은 것을 경험하고 체험하며 보다 많이 느낄 수 있어야 한다. 그리고 구체적인 사회실습과정을 배워가야 하고, 그 과정에서 필요한 지식과 기술을 이해하고 적용해 보면서 전문복지사로서의 태도를 길러야 한다. 또한 실습의 각 과정에서 활용할 수 있는 각종 자료에 대한 정보와 활용방안을 배우고, 클라이언트가 갖고 있는 복지욕구를 바르게 인식해야 하며, 각자 자신의 능력 한계에 대한 통찰력과 자기 인식을 통해 사회복지 전문직에 대한 이상과 사회복지를 택한 동기에 대해 재고하고 확신하는 기회로 삼아야 한다.

③ 실습기관에 감사하며 도움을 주려는 자세로 임해야 한다. 즉, 실습지도자나 실습교육기관의 직원들이 바쁜 와중에서도 실습지도에 노력하고 있다는 것을 이해하고, 실습을 지도하는 선배 사회복지사 등의 업무를 직·간접적으로 도와주려는 자세가 필요하며, 실습기관의 업무보조를 위해 자율적으로 한다는 자세가 필요할 뿐만 아니라 업무를 도와주는 것이 바로 현장을 이해하고 배우는 기회라고 생각해야 한다.

④ 예비 사회복지사로서 임시직원이라는 자세를 갖는 것으로 클라이언트에 대한 인격적인 존중과 인간의 존엄성을 유지하고 클라이언트에 대한 편견과 선입견을 배제해야 함은 물론 현장에서 알게 된 내용에 따라 비밀을 유지하고, 근무시간은 엄수하되 특별한 경우의 지각·결근·조퇴에는 수퍼바이저에게 사전 허가를 받아야 한다. 클라이언트와의 금품수수행위는 금지해야 하며, 클라이언트에 대한 편애 및 개인적인 관계를 유지하거나 개인적으로 클라이언트의 가정을 방문하는 일이 없어야 한다. 또한 기타 사회복지사의 윤리강령을 철저히 준수해야 한다.

⑤ 기타사항으로 만약 불의의 사고나 문제 유발시 수퍼바이저에게 신속·정확하게 보고하고 그 지시에 따르며 지도교수와도 상의해야 하고, 실습 중 사용한 물건들은 모두 원래 위치에 갖다 놓는 것과 시설 형편에 따라 무료 및 실비로 제공할 수 있는 식사 및 숙식, 출퇴근문제는 각자 책임을 져야 한다.

⑥ 남는 시간을 유용하게 할 수 있는 지혜를 가져야 하며, 실습생은 학교를 대표한다는 생각으로 주어진 업무에 대해 책임감을 갖고 최선을 다해야 한다. 그리고 실습으로 인해 실습기관의 정상적인 복지활동에 지장이 초래되지 않도록 노력해야 하고, 동료실습생들과 원만한 유대관계로서 친목도모의 기회를 활용하고, 건강에 유의하고 신체 컨디션을 조절·유지해야 한다. 각자의 소지품은 개인이 책임지고 고액 금전이나 귀중품은 휴대를 금하도록 한다.

3) 사회복지현장실습생의 자세

실습생으로서 가장 중요한 자세는 학교를 대표한다는 마음가짐으로 실습에 임해야 한다. 또한 우리는 사회복지 실습생으로서 사회복지사 윤리강령과 다음 사항을 준수한다.

(1) 실습의 목적과 중요성을 충분히 이해하고 실습계약 사항을 이행하기 위하여 최선의 자세로 실습에 임한다.

(2) 실습은 대학에서 학습된 이론을 구체적으로 적용하는 과정임을 인식하여 이에 최선을 다한다.

(3) 실습교육기관의 구성원이라는 생각으로 타 구성원과 협력하며 친화적인 태도를 취한다.

(4) 기관의 정책을 이해하고 수용하며 실습과정에서 준수하도록 한다.

(5) 근무시간은 기관의 규정에 준하며 직원과 동일한 자세로 근무시간에 임하도록 한다.

(6) 실습시작 최소 10분전에 출근하여 출근을 확인하며, 업무에 관계된 사항을 사전에 준비하도록 한다.

(7) 결근, 조퇴, 지각 등 근태와 관련된 사항은 반드시 실습지도자에게 사전에 보고하여 허락을 받도록 한다.

(8) 실습지도자의 지시뿐 아니라 타직원의 지도를 잘 이행하므로 실습효과를 최대화 하도록 한다.

(9) 직무에 강한 책임감과 열의를 갖고 적극적으로 임하며 타인에게 책임을 전가하거나 태만하게 행동하지 않는다.

(10) 실습으로 인하여 알게 된 클라이언트의 사적인 정보를 교육적 목적(대학실습지도 등) 이외에는 절대 발설하지 않으며, 교육적 목적이라 하더라도 가명을 사용하여 개인의 비밀이 침해되지 않도록 한다. 실습종료 후, 실습관련 내용을 학회지 등에 게재하고자 할 때는 반드시 실습지도자와 상의하여 허락을 받아야 한다.

(11) 실습지도자의 지도 혹은 타실습생의 실습을 견학, 관찰할 경우 배우는 자세로 진지한 태도를 취한다.

(12) 기관의 직원, 클라이언트 등에 대해 예의를 지킨다.

(13) 복장, 소지품은 실습 기관의 특성과 상황에 맞게 취하되 가능한 화려한 것을 피하고 검소하며 단정한 것으로 착용하도록 한다.

(14) 안전사고에 만반을 기하도록 하며 안전사고와 관련된 기관의 규정을 사전에 숙지하여 그에 준해 처리하도록 한다.

(15) 실습일지를 비롯한 각종 실습기록은 사실에 근거하여 정확하고 구체적으로 정리하여 실습시 실습지도자와 실습지도교수의 강평을 받는다.

과제에 관하여 연구하고 그 결과물에 대해 실습지도자의 강평을 받는다.

실습과정 중 어떤 경우라도 사례금 등의 금품을 절대 주거나 받지 않는다.

과제물은 정해진 기일에 제출하고 출근 전에 작성을 마친다.

기관의 명칭을 사적으로 활용하지 않으며 실습생의 신분을 지킨다.

제2장

현장실습의 개념

제1절 현장실습의 의의

1. 사회복지 실습교육의 개념

사회복지 교육에서 실습교육은 사회복지 전문직의 초창기부터 사회복지교육의 중심에 있었다. 사회복지현장실습의 명칭은 현장실습(Field Work), 현장경험(Field Experience), 실습교육(Field Instruction), 현장지도와 배움(Field Teaching and Learning), 실습(Practicum), 현장실습(Field Education) 등으로 다양하게 불린다. 한국사회복지교육협의회(2000)에서는 실습을 "사회복지현장실습(Social Work Practicum)"이라는 명칭으로 사용하고 전공 필수과목으로 편성하고 있다. 과목구성은 크게 기관에서 이루어지는 현장실습과 학교에서 실시하는 실습 세미나로 구성되어 있다.

사회복지현장실습은 사회복지적 가치에 입각하여 학교에서 배운 지식과 기술을 실제 사회복지 현장에서 적용하는 방법을 배우는 과정이다. 그러므로, 사회복지 교육에서 사회복지현장실습은 사회복지사를 준비시키는데 있어서 가장 중요한 구성 요소이다.

실습교육을 통해 학생들은 전문사회복지사로서의 다양한 유형의 능력을 경험한다. 사회복지 전문직에 필요한 능력으로 첫째, 개인, 집단, 지역사회와 관계하는 능력, 둘째, 욕구 및 문제를 사정하는 능력, 셋째, 계획수립과 적절한 개입을 적용하는 능력, 그리고 마지막으로 옹호자, 중재자, 교육자, 임상가, 지역사회 계획가 및 조직가, 행정가 등 다양한 도움의 역할들을 수행하는 능력을 한 단위의 실습기간 동안 습득하게 된다. 학생들은 실습기간 동안 다른 전문사회복지사들을 관찰하고 그들의 활동으로부터 어느 정도의 학습이 이루어지는 기회를 갖게 된다. 또한 학생들은 실습교육을 통해 주위의 기관 직원들 누구에게서든지 학습의 계기를 마련할 수 있고 다양한 역할들에 익숙해질 수 있는 계기가 된다.

실제로 실습교육을 통해 학생들은 실습교육 동안 클라이언트, 전문직 동료들, 지역사회와 만남을 통해 전문사회사업의 문화, 규범과 가치를 익힐 수 있는 기회가 된다. 이러한 경험은 학생들이 현장실습이 끝난 후에도 계속적으로 수동적인 학습자에서 능동적인 전문가로 자신을 이해하고 수용하며, 사회복지직이 자신에게 있어서 최적의 진로인가를 결정하는데 중요한 계기를 제공한다

(김선희·조휘일, 2004). 사회복지현장실습이 정체성 확립, 전문적인 자질과 능력 파악을 하는데 큰 도움이 된다.

2. 실습교육의 목적

사회복지 교육의 일반적 목적은 학생들이 사회복지에 대한 이해와 지식을 함양시켜 전문직으로서의 사회복지에 대한 정체감과 자아인식을 갖게 해주며, 실무경험을 터득하게 함으로써 경험적 학습을 시켜 사회복지 지식과 태도, 기술을 통합시키는 것이다. 또한 학생들이 배운 전문직의 가치관, 지식 그리고 기술을 전문적 실천에 접목시키고 통합시키는데 있다.

한국사회복지교육협의회(2004)에서는 사회복지 현장실습 과목의 목표를 다음과 같이 제시하고 있다. 첫째, 학교에서 습득한 사회복지에 관한 지식과 기술의 실천적 적용을 한다. 둘째, 사회복지 실습현장에서의 클라이언트 체계의 문제 확인, 정보 수집, 조직화, 분석, 개입 계획의 수립과 이해, 개입 노력에 대한 평가과정을 경험하여 새로운 지식과 기술을 습득한다. 셋째, 지역사회 대상 집단의 특성과 자원에 대한 지식을 활용할 수 있는 능력을 기른다. 넷째, 사회복지 시설 및 기관의 조직, 정책, 절차에 적용할 수 있는 경험적 이해 증진과 능력을 함양한다. 다섯째, 사회복지 실천에 대한 자신의 적성 테스트 기회를 제공한다. 여섯째, 실습생의 사회복지사로서의 자아인식 증진과 전문적 정체감을 형성한다.

한국사회복지사협회의 『2010년 사회복지현장실습 안내서』에서 제시한 사회복지현장실습 교육의 목적은 첫째, 실천현장의 문제해결 과정에 사회복지 가치 및 윤리강령의 내용, 지식 및 기술을 적용할 수 있는 능력을 키운다. 둘째, 클라이언트체계의 문제 확인, 정보수집, 사정평가, 개입계획 및 개입수행, 그리고 평가과정을 통해 문제해결에 대한 새로운 지식과 기술을 터득한다. 셋째, 지역사회 내 위험집단 및 표적 집단의 강점 및 특성과 자원에 대한 지식을 활용할 수 있는 능력을 기른다. 넷째, 사회복지시설, 기관 및 조직의 사명, 정책 및 행정을 연구하고 파악한다. 다섯째, 실천현장 관련 국가 및 지역의 사회복지정책 및 전달체계를 분석하고 실천에 적용한다. 여섯째, 사회복지사로서의 자아인식을 증진시키고 전문직 정체감을 형성한다.

종합적으로 요약하면, 사회복지현장실습의 목적은 크게 두가지 측면으로 요약할 수 있다. 첫째, 학생이 교실에서 배운 전문적 지식, 기술, 가치를 실습경험을 통해서 적용해 볼 기회를 제공하여 자신의 지식으로 승화 시키는데 있다. 둘째, 미래의 사회복지사로서의 전문직의 사명감과 자아인식을 증진시키고 전문직 정체감을 형성하는데 그 목적이 있다.

사회복지현장실습 교육의 목적

- 실천현장의 문제해결 과정에 사회복지 가치 및 윤리강령의 내용, 지식 및 기술을 적용 할 수 있는 능력을 키운다.
- 클라이언트체계의 문제 확인, 정보수집, 사정평가, 개입계획 및 개입수행, 그리고 평가 과정을 통해 문제해결에 대한 새로운 지식과 기술을 터득한다.
- 지역사회 내 위험집단 및 표적 집단의 강점 및 특성과 자원에 대한 지식을 활용할 수 있는 능력을 기른다.
- 사회복지시설, 기관 및 조직의 사명, 정책 및 행정을 연구하고 파악한다.
- 실천현장 관련 국가 및 지역(지방자치단체)의 사회복지정책 및 전달체계를 분석하고 실천에 적용한다.
- 사회복지사로서의 자아인식을 증진시키고 전문직 정체감을 형성한다.

출처 : 한국사회복지사협회, 「2010 사회복지현장실습 안내서」

제2절 사회복지현장실습의 주요 요소

실습교육의 목적이 달성되기 위해서는 학생들이 현장실습에서 경험하는 실습내용이 어떻게 이루어지고 있는지 살펴보는 것이 필요하다. 실습내용은 실습교육과정 속에 기관에서 학습하고 경험할 수 있는 것들이다(김선화, 2002). Fortune(1994)은 실습교육의 구체적인 내용으로 기본적인 전문적 책임감 및 사명감의 준비, 그리고 실습교육의 핵심적인 내용과 기술들을 포함하여 제시하고 있다. Fortune이 제시한 실습지도의 핵심적인 내용과 기술 모델은 [그림 2-1]과 같다.

실습교육의 핵심적 내용으로 첫째 요소인 전문적 발달은 전문사회사업가와 사회복지사를 규정하고 전문적 직업의 사명감을 특징짓는 내용이 포함된다. 이러한 교육의 구체적 내용은 사회복지의 가치 및 윤리적 사명감, 자신의 전문적 성장에 대해 책임감을 갖는 것, 자기 자신의 활동의 효과성을 평가할 수 있는 능력 등이 있다.

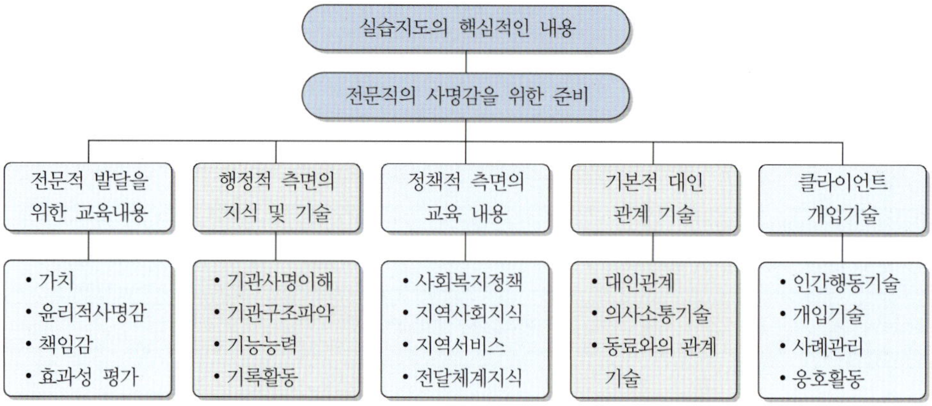

그림 1-2 실습지도의 핵심적인 내용(기술) 모델

출처 : Fortune, A. E., Field education. In F. G. Reamer(ed.), The Foundation of Social Work Knowledge, New York: Columbia University Press, p.230, 1994.

둘째, 행정적 측면의 지식 및 기술은 조직적 상황의 이해와 사회복지사가 조직내에서 생활하면서 효과적 서비스를 제공하는데 도움이 되는 지식과 기술이다. 여기에는 기관이 사명을 이해하고, 구조를 파악하며, 조직 내에서 기능하는 방법을 학습하는 능력, 지역사회에 대한 지식 등이 포함된다. 셋째, 정책적 측면의 교육내용은 기관에 직접적인 영향을 주는 국가와 지방의 사회복지 정책에 대한 내용과 기관의 의해 서비스를 받는 영역 및 지역의 경제적, 정치적, 사회적, 그리고 문화적 구조에 대한 지역사회 지식, 그리고 지역의 사회복지 서비스 연계망인 서비스 전달체계의 지식이 포함된다. 넷째, 기본적 대인관계 기술은 다른 사람과 협력적으로 일하거나 다른 사람들로부터 협력을 확보하는데 필요한 대인관계적 기술들이다. 여기에는 기본적인 대인관계적 의사소통 기술과 동료와의 관계 기술이 포함된다. 다섯째, 클라이언트 체계 개입 기술은 개인, 가족, 그리고 치료적 집단을 포함하는 클라이언트 체계에 대한 개입이다. 여기에는 인간행동과 다양성의 내용에 관한 지식의 적용, 클라이언트 체계와의 면접기술, 사례관리 기술, 옹호활동 등이 포함된다.

이러한 실습의 내용은 기관의 성격과 실습생의 업무수행 능력에 따라 차이가 나지만, 일반적으로 학생들은 사회복지현장실습을 통해 사회복지사로서의 전문적 발달을 위한 여러 가지 지식과 기술을 배우게 된다. 그리고 자신에 대한 평가와 함께 전문직으로서의 사회복지에 대한 가치관을 수용하며, 이러한 가치관을 서비스 제공과정 중 각 단계에 적용하고 통합하는 것의 중요성을 이해하게 된다(김효선, 2004).

Fortune의 실습지도의 핵심적인 내용 모델을 근거로 사회복지현장실습의 주요 구성 요인으로는 개인요인, 슈퍼비전요인, 실습기관요인, 학교 요인이 있으며, 이러한 요인들은 학생들이 전문직의 정체성을 확립하는데 영향을 미치는 요인으로 제시하였다.

1. 개인요인

실습에 있어서의 학생들의 참여 자세는 실습 전반에 커다란 영향을 미친다. 따라서 실습생으로서 자신들의 역할을 구체적으로 점검하고 실습기간 동안 실습생의 역할을 적극적으로 수행하려는 실습에 임하는 태도가 필요하다. 즉, 사회복지현장실습은 참여하는 실습생들이 스스로 동기가 부여 되고 능동적이고 적극적인 참여자세가 뒷받침되지 않는다면 성공적인 실습을 통한 역량 강화를 기대하기 힘들다고 볼 수 있다.

2. 수퍼비전 요인

1) 수퍼비전의 개념 및 목적

수퍼비전은 사회복지의 전문적 지식과 기술을 습득하고 실천하는데 가장 중요한 도구로서 활용되고 있다. 실습 수퍼비전이란 사회복지에 있어서 많은 전문적 지식과 기술을 소유한 경험 있는 기관의 실무자가 전문적 훈련과 경험 내지는 전문적 지식과 기술이 부족한 학생들에게 실습 업무를 수행하는데 있어서 요구되는 사회복지의 전문적 지식과 기술을 전달해 주는 훈련방법으로 정의하고 있다. 실습 수퍼비전은 사회복지 대한 전문적 실천 지식과 경험이 풍부한 현장의 실습지도자가 실습생을 훈련하는 방법으로 기관에서 제시한 실습의 내용을 잘 수행하고 실습의 목적을 달성하도록 돕는 과정이다. 그러므로 수퍼바이저는 실습생이 미래의 전문사회복지 실천가로서 성장하기 위해 필요한 지식과 기술을 개발할 수 있도록 도우며, 학교에서 배운 이론을 실천에 적용할 수 있도록 기회를 마련해 주고, 긍정적인 학습자극을 제공해 주어야한다.

이처럼, 실습생이 기관에서 생동감 있는 현장의 활동을 보고 배우는데 있어서 보다 전문적인 기술과 방법은 실습지도자의 수퍼비전을 통해 이루어지기 때문에 수퍼비전은 매우 중요하다고 볼 수 있다.

2) 수퍼비전의 기능

Kadushin(1992)은 수퍼비전을 행정적(administrative), 지지적(suppor-tive), 교육적(educational) 수퍼비전 등 3가지 면에서 사회복지현장교육자로서의 역할로 정의하였다. Kadushin(1992)에 의하면 수퍼비전은 사회복지사들이 그들의 업무와 관련된 좌절이나 불만족을 경험할 때에 그들에게 정서적 지지나 도움의 지원을 제공함으로써 문제해결을 도와주는데 초점을 두었다.

(1) 행정적 수퍼비전(Administrative Supervision)

Kadushin(1991)에 의하면, 행정적 수퍼비전이란 기관 또는 조직에서 수행해야할 업무에서 필요한 전문적 기술의 능력을 연결해 주는 것으로 과제중심적 이고, 수단적인 자원의 모든 요소를 포함한다. 즉, 행정적 수퍼비전은 수퍼바이지의 행정적 성장을 꾀하는데 목적을 두고 기관의 절차를 적절하게 수용하지 못하는 수퍼바이지에게 작업 환경의 구조와 업무 수행에 필요한 접근법과 직무를 효과적으로 수행할 수 있는 자원을 제공해줌으로써 기관의 구조와 자원을 효율적으로 이용할 수 있도록 돕는 과정이다(정명숙, 2000).

Kadushin(1992)에 의하면, 행정적 수퍼비전의 책임을 수행하는데 있어서 수퍼바이저 역할은 직원모집 및 선발, 사회사업가의 직무배정 및 배치, 업무계획, 업무활동 및 부여, 업무위임, 업무에 대한 모니터링과 검토 및 평가, 업무조정, 의사소통 기능의 역할 등이며, 대변자, 행정적 완충자, 변화 매개자로서의 수퍼바이저 등으로 구분하였다.

(2) 교육적 수퍼비전(Educational Supervision)

교육적 수퍼비전이란 지식, 기술, 개인적 유효성을 발전시키는 것으로 설명하고 있다. 이것은 전문사회복지사가 되기 위해서 필요한 발달과 성장의 기본적 영역이다(Kadushin, 1992). 교육적 수퍼비전은 지식, 태도와 기술을 가르치는 것으로 주된 교육내용은 연구방법론, 실천기술, 인간행동, 정책, 가치와 현장지도 등을 포함한다(Fortune, 1994; Reamer, 1994). 교육적 수퍼비전은 워커나 수퍼바이지에게 업무 수행을 위해 무엇이 필요한지를 알게 하고 이것을 배우고 돕는 것이다. 교육적 수퍼비전은 사회복지 전문적 실천을 위해 실습생을 개별화하여 지식과 기술 등의 능력을 키워준다는 의미에서 중요하다(최민영, 2008).

교육적 수퍼비전의 목표는 수퍼바이지의 업무를 더욱 효과적으로 실행하기위하여 수퍼바이지의 능력을 향상시키는 것이다. 이것은 수퍼바이지가 자신의 임상적 지식과 기술을 최대화하여 전문적으로 성장하고 발달하도록 돕는 것이다(태화기독교복지관, 2005). 교육적 활동으로서는 교수활동, 학습을 촉진시키는 일, 훈련, 경험과 지식의 나눔, 정보제공, 명확화, 안내, 문제해결책을 찾도록 수퍼바이지를 돕는 일, 전문적 성장을 강화시키는 일, 조언, 제안, 문제해결과정을 돕는 일 등을 포함하고 있다(조휘일 역, 2000).

(3) 지지적 수퍼비전(Supportive Supervision)

지지적 수퍼비전은 대인관계, 표현력, 스트레스를 감소, 동기부여, 효과적인 업무수행 등이 포함되며, 조직 구성원들이 심리적으로 좋은 상태를 전반적으로 확장시키기 위한 대인관계기술과 관련이 있다(Kadushin, 1992). 지지적 수퍼비전의 기능은 수퍼바이저와 학생들의 분노, 죄책감을 완화하고, 확신, 자존감, 그리고 강점을 증진시키며, 업무와 실습현장에서 스트레스와 긴장을 감소시킴으로써 만족감을 증가시킨다.

이처럼, 지지적 수퍼비전은 실습생들에게 불안이나 긴장을 완화하고, 회복, 편안함, 지지뿐 만 아니라 그들의 자질을 강화하고 적극적으로 노력하기 위한 재충전, 동기부여를 해주는 것이다. 이는 실습기간동안 실습생 스스로가 결정하고 기관에서 부여하는 실습의 목적과 목표를 달성하기 위해 다양한 과업을 수행함으로써, 긴장과 피로감을 경험하고 또 낯선 상황들과 사회사업 실천의 경험이 없어 시행착오를 경험하는 학생들에게 필요하다(최민영, 2008).

3. 실습기관

학생의 입장에서 만족스러운 실습을 좌우하는 것은 어떤 실습기관을 선택하는가에 달려 있다. 실습기관은 실습교육의 중요한 역할을 하며, 기관에서의 경험은 문제를 가진 사람들과 조직적 구조 내에서 어떻게 일할 수 있는가를 학습할 수 있다. 그러므로 실습기관은 실습생들에게 맡겨진 새로운 역할을 수행하기 위해 실습생 자신의 개인적 자원을 창조적으로 활용하는 방법을 학습시켜야 한다(김영호 외, 2006).

실습기관은 실습교육의 극대화를 위해, 첫째, 실습기관은 계속적으로 전문적 사회복지 영역에 포함되는 서비스 프로그램을 발전시켜야 한다. 둘째, 실습생은 사회복지 서비스를 제공하고 클라이언트의 문제와 욕구에 따라 다양한 도움의 역할을 활용할 수 있는 기회를 가져야 한다. 셋째, 실습생의 서비스 제공 활동에 대한 직접적인 수퍼비전을 줄 수 있도록 기관은 경험있는 실무자를 선정해야 한다. 넷째, 실습기관은 실습생이 본인들에게 주어진 임무와 활동을 수행하는데 적절한 보충적 자원을 제공해야 한다. 다섯째, 실습생은 직원회의 혹은 다른 모임과 활동에서 기관의 한 일원으로서 참석할 수 있는 기회를 가져야 한다. 여섯째, 실습생은 기관의 정책, 서비스, 구조, 의사결정구조, 다른 지역사회 자원과의 관계에 대한 지식을 얻을 수 있는 기회를 가져야 한다(조수민, 2006).

하지만, 실습기관의 문제를 살펴보면, 과거보다는 실습지도 경험과 자질을 갖춘 실습지도자와 실습기관이 부족하지는 않지만 체계적인 실습지도 계획을 가지고 실습계획에 따라 실습생을 지도하는 전담 수퍼바이저가 있는 기관이 적으며 전담 수퍼바이저의 업무 과중으로 실습에 대한 지도감독이 소홀하여 실습 지도를 위한 재충전의 기회가 거의 없는 상태이다(성민선, 1991). 실습 기관이 실습 지도의 중요성을 인식하고 학생들에게 적절한 교육적 경험을 제공하지 않는다면 다른 교과목에 비하여 가장 긴 시간을 투자하고 실습을 통하여 자신의 효과적이고 전문적인 사회복지사로 성장해야 하는 학생들에게 실습의 목표 달성이 어렵게 된다(김주리, 1992). 그러므로 실습기관은 실습지도자의 선발 및 여건조성, 실습공간의 확보 및 시설의 제공, 학교와의 긴밀한 연락유지, 학습 환경의 조성 및 유지 등의 역할을 담당해야 한다. 또한 실습생의 지도방침 및 프로그램을 정해놓고 직원 전원이 협조하고 통일된 기본적 자세를 결정해 두는 것이 중요하다(김효선, 2004). 이처럼 학생들이 어떤 실습기관에서 실습을 경험 하느냐에 따라 실습 성과에 차이가 있으며 이는 학생들이 사회복지 전문직 정체성을 형성하는데 중요한 요인이 될 수 있다. 따라서 학생의 효과적인 실습을 위한 기본 전제로서 사회복지기관은 위계적 구조에서 유기적 구조로 변화 되어야 하고, 자율성 확보는 조직의 혁신과 성장에도 기여한다. 즉 사회복지기관은 기본적인 위계는 있지만 통제 수준은 약화되어야 하며 자율성은 좀 더 강화되고 부서나 전문가들 사이의 유기적 관계를 맺는 것이 중요하다.

4. 학교 요인

학교 실습 세미나는 학교 정규 교육 과정으로 기관 실습과 병행하여 학생들이 학교 수퍼비전으로 활용할 수 있는 시간이자 실습 교육의 중요한 부분이다. 또한 실습기관에서 충분히 달성되지 못한 실습생의 욕구를 보완해 주고 더욱 효과적인 실습교육이 이루어질 수 있도록 실습생을 돕기 위한 것이다(한인영 외, 2002). 실습 세미나는 실습 기관과 학교의 연계 및 학습의 통합 교육으로써 의미가 크며, 실습 기관에서 이루어지고 있는 실습 경험을 공유하고 실습 지도교수와 실습생 상호간의 피드백 및 조언을 통하여 실습 과제 수행의 발전 방향을 모색해야 한다(조수민, 2006). 실습생들은 실습세미나를 통해 실습 경험에 대해 비판적으로 사고하고 실습 기관에서 발생하는 문제점을 해결할 수 있도록 하며 구체적인 사회복지 지식을 서비스 대상자의 문제해결에 적용할 수 있도록 원조하는 역할을 하여 학습의 기회를 더욱 확장시킬 수 있다(서진환, 2001).

성민선(1995)의 연구에서는 학교 실습교육의 문제점으로 실습지도교수가 일관되지 않아 책임성이 약하고, 실습수업이 있지만 실습내용에 대한 사전 사후의 개별지도는 잘 이루어지지 않으며, 교수들이 실무적인 부분을 경시하는 등의 실습교육에 대한 인식과 태도의 문제, 학교에서 임상경험이 있는 교수들을 확보하지 못함에 따른 이론 중심의 수업이 이루어지고 있다고 지적하였다. 또한 박미정(2000)은 학교요인의 문제점으로 학부제의 도입에 따른 교육환경 변화를 제시하였다. 학부제 도입 후 학생들은 전공에 대한 오리엔테이션이나 정체성을 갖게 되는 시기가 늦어지고, 자원봉사 경험도 부족하게 되었으며, 실습하기 전에 이수하는 전공과목의 수도 적다. 그러므로 학생들이 전공에 대한 정체성이 부족하여 실습에 필요한 부분을 준비시키기 어려워 학교보다는 기관중심으로 실습이 이루어지고 있다고 지적하였다.

제3장

사회복지 전문직의 정체성

제1절 사회복지 전문직 정체성

1. 전문직의 개념

전문직이라 함은 전문성을 가진 직업 혹은 그 직업에 종사하는 사람들의 집단을 의미한다. 전문직의 개념은 정적인 개념이 아니라 시대적·사회적으로 변천하는 것으로 상황에 따라 개념적 특징이 달라질 수 있다. 전문직은 높은 학문적 지식체계를 바탕으로 전문적 기술을 보유함으로써 상당한 사회적 권한과 높은 사회적 지위를 누린다는 특성을 지닌 직업을 의미한다(박종우, 1994).

한국사회복지사협회(2001)에 의하면 전문직이라 함은 전문조직을 활용하고, 공중에 대한 신념, 자기규제, 소명의식, 전문직 자율성을 지녀야 하고, 특수한 능력과 기술을 가진 실천가, 서비스 개발에 대한 관심, 개인적인 책임을 지녀야 한다고 명시하고 있다.

전문직의 구성요인에 대해 Greenwood(1980)는 체계적 지식기반, 사회성, 윤리강령을 기반으로 서비스의 공공성, 서비스의 독점성, 자율성, 권위, 제도화된 교육, 전문직 문화, 그리고 자격증 제도 등을 제시하고 있다. 신현경(2000)은 전문직의 제 요인을 네 가지로 제시했다. 첫째, 전문직업과 비전문직업을 구분하는 요소로써 해당 전문분야의 지식이나 기술이 필요하다. 둘째, 전문직은 체계적 이론의 전달과 훈련의 습득을 통해 직무활동을 하는데 필요한 효과적인 지식과 기술을 향상 시켜야 한다. 셋째, 전문단체를 통해 전문직의 가치규범과 상징 등을 구성하고 전문가적 문화를 형성해야 한다. 넷째, 전문직은 사회적으로 승인을 얻어야 한다고 제시하였다. 결국 전문성 확보는 전문직의 실천과 관련된 지식과 기술, 가치, 역할 그리고 태도 등을 습득하는 과정으로 규정할 수 있다. 즉, 사회복지사가 전문직 지식과 기술을 습득하면 클라이언트에게 효과적인 서비스를 제공할 수 있으므로, 미래의 사회복지사인 학생들이 자신들의 강점을 개발하고, 전문직 기술과 지식을 습득하기 위한 노력이 전문직 자체의 과업이라고 볼 수 있다.

2. 전문직 정체성

정체성(Identity)은 라틴어의 identitos에서 유래된 것으로 '전적으로, 동일한 것이다', '자기 자신', '정체' 등을 의미한다. '나는 누구인가'라는 자문에서 출발하는 정체성은 타인과 구별되는 자기의식이며, '나다움'과 관련된 감성과 성향, 무의식이다. 또한 이는 역사적으로 형성되는 자신과 자신의 집단에 대해 가지는 감정적 동일시이다. 따라서 정체성은 항상 타인과의 관계 속에서 형성되며, 역사적으로 변해갔다(정준영, 1998).

자아 정체감(Ego Identity)은 자신의 독특성에 대해 비교적 안정된 느낌을 갖는 것으로, 행동이나 사고 혹은 정서의 변화에도 불구하고 변화하지 않는 부분이며 자신이 누구인가를 아는 것이다(Erikson, 1959). 사회복지에서 전문직에 대한 정체성을 두가지 측면에서 살펴볼 수 있는데, 첫 번째는 전문직으로써 사회복지의 정체성을 일컫는 의미인데, 이는 전문직화를 추구해온 사회복지가 다른 전문직과 구별되는 특성을 가리키는 말이다. 또 다른 측면은 전문직에 종사하는 사람이 스스로 전문직업이라고 내리는 주관적 평가를 의미한다. 이것은 사회복지의 전문직업인으로서의 정체성이 아니라 전문직 구성원으로서의 사회복지사들이 가지는 전문직업으로서의 정체성을 의미한다.

박종우(1994)는 전문직업적 정체성이란 전문직업적 사회화 및 전문직업적 태도 개념과 더불어 생각해야 하며, 전문직의 사회화란 전문직의 속성들을 내면화시킴으로써 전문적 성장과 발전을 도모하는 과정으로 보았다. 즉, 전문직 사회화는 성인사회화와 직업사회화의 한 형태로서 특정 전문직의 실천과 관련된 지식, 기술, 가치, 역할, 태도 등을 습득하는 과정이라고 볼 수 있다. 박용오(2003)는 전문직업적 정체성에 대해 사회복지활동 전문가로서 지식, 기술, 자격을 소유한 사회복지사가 자율적으로 윤리강령을 준수하며 사회복지를 실천하는 과정에서 형성·변화되어지는 전문직업인으로서의 자긍심으로 정의 하였다.

김예경(2000)은 전문직 정체성이 사회복지에 필요한 이유로 전문직으로서의 정체성이 사회복지사의 업무수행과 관련된 중요한 요인이기 때문이라고 하였다. 사회복지 전문직 정체성이 확립되면 직무 만족을 이루게 되고 사회복지사 개인에게나 사회복지 조직의 효과성 및 효율성에 중요한 영향을 미치고 나아가 조직에 대한 헌신과 클라이언트에 대한 서비스 질을 높일 수 있음을 지적하였다. Hall(1968)은 관료제라는 조직구조와 전문직화의 관계 연구에서 다른 일반직으로부터 전문직을 구분해 줄 수 있는 전문직 모델(professional model)을 [그림 3-1]과 같이 제시하고, 전문직의 속성을 구조적 측면과 태도적 측면으로 구분하였다.

구조적 측면은 학교설립, 전국적 조직, 윤리강령, 전임직 등과 같이 과정 모델이며, 태도적 측면은 실천가가 자신의 일을 보는 태도를 의미하는 것으로 전문 조직의 활용, 공공서비스에 대한 신념, 자기 규제에 대한 신념, 직업에 대한 소명의식 및 자율성의 다섯가지로 전문성의 정체성을 제시하고 있다. 첫째, 전문조직의 활용이다. 한 분야의 전문가는 일을 할 때 사고와 판단의 중요한 원천으로서 공식 및 비공식 동료조직 모두를 고려한다. 이것이 바로 전문직의 핵심이며 이를 통하

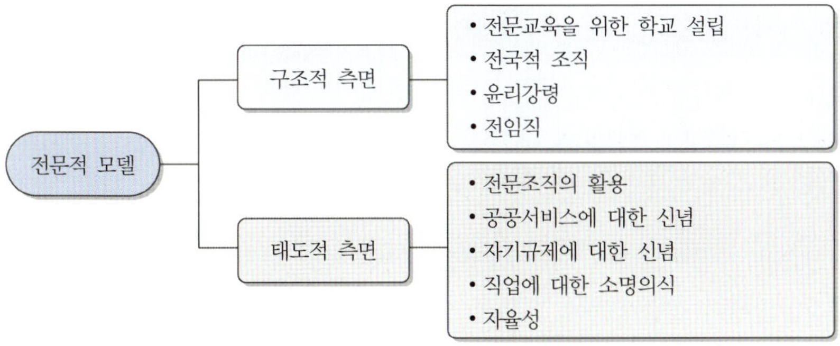

그림 3-1 Hall의 전문직 모델

여 전문직의 공동체 의식이 생겨난다. 이러한 공동체 의식은 전문가에게 강하게 영향을 미친다. 둘째, 공공서비스에 대한 신념이다. 이것은 자신의 직업이 없어서는 안 될 직업이라는 것과 그 직업이 일반인에게도 이득이 된다는 견해를 의미한다. 셋째, 자기 규제에 대한 신념이다. 이것은 전문직업인이 일을 가장 잘 판단할 적임자는 동료전문직업인이며, 이는 특수한 지식이 그 직업에 필요하다는 가정 하에 외부자가 아닌 동료들만이 그들의 일에 대해 판단할 수 있다는 믿음이다. 넷째, 직업에 대한 소명의식이다. 이것은 전문직업인의 헌신을 의미하며 비록 물질적 보상이 적더라도 그 일을 하고 싶어 한다는 느낌이다. 다섯째, 자율성에 대한 신념이다. 이것은 직문직업인이 클라이언트, 타전문직, 고용조직으로부터 외부 압력 없이 스스로의 결정을 내려야 하며, 스스로 권위를 가져야 함을 의미한다(Hall, 1968).

이러한 다섯 가지의 전문직 정체성에 영향을 미치는 요인들은 일의 전문성과 만족도, 직무환경, 수퍼비전, 동료와 상사에 대한 만족도가 영향을 미치는 것으로 보고되었다. 그러면 사회복지를 전공하는 학생들의 전문직 정체성에 영향을 미치는 요인은 무엇인가? 학생들이 전문직 정체성을 형성하는 데는 동료학생, 학교 교수, 실습 수퍼바이저, 실습 교육, 학생 개인의 이타심, 다른 전문가 등이 영향을 미친다고 보았다. 오혜경·하지영(2007)의 연구에 의하면, 학생들의 전문직 정체성은 사회복지사를 어떻게 길러 낼 것인가 하는 교육제도에 관한 것으로 귀결된다고 보았다. 사회복지 교육 과목 중 실습교육은 사회복지사업에 대한 이해와 지식을 함양시켜 사회복지사업에 대한 전문직으로서의 정체감과 자아인식을 갖게 하며, 실무경험을 통한 경험적 학습을 터득케 하여 사회복지사업에 대한 지식과 태도, 기술을 통합시키는 과정이다. 사회복지현장실습을 통하여 학생들은 사회복지 전문가의 소양을 쌓고 변화하는 계기가 될 수 있으며, 실천적 경험을 하게 되며, 사회복지사로서의 정체감을 형성하게 된다.

그러므로, 미래의 사회복지 전문직에 종사하게 될 사회복지전공 학생들의 정체성 향상을 위한 과정으로 실습교육의 중요성이 매우 크다고 볼 수 있다.

제2절 현장실습과 사회복지 전문직 정체성

1. 사회복지 전문직 정체성 정립

실습생들은 사회복지현장실습을 통하여 사회복지 전문직 정체성을 형성한다. 실습생들에게 얼마나 질적인 실습을 제공하느냐에 따라 학생들의 전문성을 향상시킨다.

사회복지현장실습에서 실습생들이 전문직 정체성을 정립하는데 있어서 개별과 집단 수퍼비전을 동시에 제공받았을 때 가장 좋은 효과가 있다. 또한, 실습은 단순히 기관 위주에서 벗어나 지역사회라는 거시적 측면에서 실습교육이 강화되어야 한다.

그러므로 실습생의 전문직업적 정체성 정립과 수퍼바이저의 수퍼비전을 활성화시키기 위해서는 정기적이고 구조화된 교육적 수퍼비전 체계 마련과 기관의 제도적인 노력이 필요하다.

2. 실습기관의 문제점

첫째, 실습생 개인들의 실습준비 부족이다. 학생들의 실습에 대한 명확한 목표의 부재, 실습기관에 대한 이해 부족, 실습에 임하는 자세 부족하다. 실습생들은 실습을 통해 학습되어져야 하는 부분이 충족되지 못하거나, 학생의 구체적인 목표와 맞지 않는 경우에 실습에 불만족이 심하였다.

둘째, 적절한 실습지도자의 부재이다. 실습기관의 실습지도자는 실습생의 교육을 일정 기간 책임지고 이들의 중요한 학습경험을 할 수 있는 기회를 제공해야 하지만, 실습지도자는 기관에서 실습지도외에 다양한 업무를 담당하고 있어 실습지도에 전념할 수 없는 현실이다. 그리고 실습에 대한 책임성의 부족, 실습의 중요성에 대한 인식의 부족, 실습을 위한 준비 부족 하였다.

셋째, 실습지도 내용의 부재이다. 실습생에게 기본적으로 가르쳐야 할 핵심적인 내용 및 기술과 그리고 이를 전달하는데 필요한 방법과 기법, 즉 실습지도의 과정 및 단계에 대한 규정된 모델이 없다.

넷째, 학교에서의 문제점이다. 학교요인 중에 가장 중요한 요인은 실습지도교수이다. 대부분 학교에 실습전담 지도교수가 있으나 교수가 담당하는 학생 수가 너무 많아 개별적이고 적절한 지도가 이루어지지 않고 있다. 이 밖에도 주요 문제점으로는 사회복지현장실습 수업시간에 실습에 관한 오리엔테이션 부족, 실습기관에 대한 정보 부족에 따른 실습기관 선정의 어려움이 있다.

이처럼 실습교육에 대한 문제점을 종합해 보면, 실습교육문제는 단편적인 문제가 아니라 학생과 실습지도자, 기관과 학교 간의 복합적인 문제 때문이라고 볼 수 있다.

제4장

현장실습과 임파워먼트

제1절 실습생 임파워먼트

1. 임파워먼트 개념

역사적으로 임파워먼트(empowerment)의 기원은 미국문화의 프로테스탄 혁명, 산업자본주의, 제퍼슨주의, 칸트의 선험철학, 유토피아 사회주의와 무정부주의에서 유래되었다(Simon, 1994). 어원적 측면에서 임파워먼트를 살펴보면, power에서 유래된 것으로 'em'의 접두어에 power를 혼합한 단어이다. 파워(power)는 임파워먼트를 이해하기 위한 중심 개념이며, 동시에 임파워먼트를 작동하는 원리이기도 하다(Gilbert, 1995). 파워는 자기 자신이 원하는 무엇을 얻을 수 있는 능력, 타인의 생각, 느낌, 행동에 영향을 미칠 수 있는 능력으로 해석된다. 따라서 임파워먼트는 파워배분이라는 개념보다는 할 수 있다는 능력 신장의미를 강조한 것으로 이해할 수 있다.

임파워먼트는 개인적인 자기 효능감과 개인과 또는 집단 무능력에 대해 정치적 조직과 사회적 구조 내에서의 효과적인 행위를 연결하는 것이다. 임파워먼트는 권한 위임과 참여 결정과정의 관계라고 볼 수 있다. 이러한 측면에서, 임파워먼트는 개인이나 집단이 다른 개인이나 집단에게 힘(power)을 부여하는 과정으로 정의할 수 있다.

2. 임파워먼트의 구성요인

임파워먼트의 구성요인은 Spreitzer(1995)가 의미성(meaning), 역량(competence), 자기결정력(self-determination), 영향력(impact) 등 4가지 요소로 설명하였다.

Spritzer는 개인차원의 임파워먼트인 심리적 임파워먼트의 개념을 발전시켰다. 여기에서 임파워먼트는 개인의 과업역할에 대한 4가지 인지 즉, 직무가 개인 자신의 기준이나 이상과의 적합성인 의미성, 작업 수행에서 개인에게 요구되는 역량, 자신의 행위에 대한 통제 및 선택인 자기 결정성, 개인의 노력이 조직성과에 미치는 영향력의 인지적인 요소의 집합으로써 개인의 내재적인 과업동기를 증진시키는 과정으로 조직 구성원이 어떻게 느끼고 있는가에 따라 파악된다고 보았다.

Spreitzer는 임파워먼트를 단순히 권한의 위양이나 제도적인 차원에서만 파악되는 것이 아니라 심리적이고 인지적인 변수로서 연속적인 것이라고 보았다.

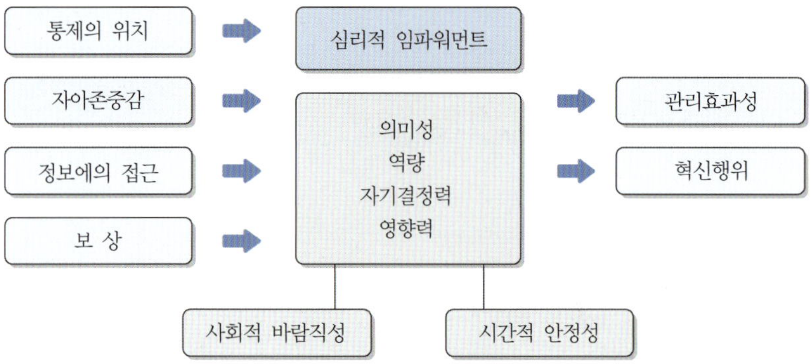

그림 4-1 Spreitzer(1995)의 임파워먼트 모델

1) 의미성(Meaning)

의미성은 개인의 이상과 가치, 행동과 비교하여 판단되어지는 과업목적이나 역할의 가치, 업무역할과 신념, 가치, 행동이 일치하는 정도로 업무의 목표에 대한 개인의 신념, 기대, 행동의 적합성을 의미한다. 즉 의미성은 임파워먼트 과정에서 에너지를 공급한다.

2) 역량(Competence)

역량이란 특정과업에 대해 능숙하게 과업을 수행할 수 있을 것이라고 믿는 정도, 즉 과업을 수행하는 개인의 능력에 대한 믿음을 의미한다. 임파워먼트된 개인은 자신의 능력과 가능성을 믿고, 자기 효과성, 개인적 역량성의 의식을 가지고 있으며, 업무에 필요한 기술과 능력뿐 아니라 정확하게 업무를 처리할 수 있다는 자신감과 업무숙달과 수행능력을 갖는다.

3) 자기결정력(Self-determination)

자기결정력은 과업을 수행하기 위한 구체적인 행동을 언제 어떻게 계획하고 수행하는지 선택하는데 있어서의 자율성을 반영하는 것으로 작업방법이나 공정, 그리고 투입노력 등을 스스로 결정하는 것을 의미한다. 임파워먼트된 개인은 자신의 의지로 일을 시작하고, 독립적인 의사결정을 하며, 새로운 아이디어를 산출하려고 한다.

4) 영향력(Impact)

영향력이란 개개인이 직무에 있어서 전략적이며 행정적인, 그리고 실무적인 결정들에 어느 정도 영향을 미치는가 하는 것이다. 임파워먼트 된 개인은 스스로가 과업환경에 영향력이 있다고 판단하고 조직에서의 전략적 의사결정과정에 참여하는 부분적으로 지배할 수 있다고 생각한다.

제2절 현장실습과 임파워먼트

1. 사회복지현장실습과 임파워먼트

사회복지분야에서의 임파워먼트는 초기의 사회개량운동에서 찾아볼 수 있다. 이 운동은 사회복지실천에서 임파워먼트의 발전을 도모하였다. 사회복지실천분야에서는 결연자, 교육 교환자로서의 사회복지사와 클라이언트의 관계, 클라이언트의 자기결정의 가치를 강조함으로써 임파워먼트가 도입되었다.

사회개량운동 이후 1950~60년대 초기의 임파워먼트 이론은 인간을 경제적 이익의 추구뿐 만 아니라 다양한 욕구를 가지고 있으며, 인간은 환경조건에 따라 이 욕구를 충족시키기 위한 종합적인 연구의 대상으로 그 필요성이 제기되었다. 또한 개인과 조직의 가치를 통합시켜 행동과학의 연구가 구체화되었다. 1960년대 중반부터 1970년대 초반에는 인간의 잠재능력과 개인의 성장을 중요시하는 성향 출현으로 개인의 동기부여, 개인의 가치, 잠재력을 중심으로 연구되었다. 1970년대 후반부터는 급변하는 환경에 대한 상황론적 접근으로 임파워먼트에 대한 연구가 개인수준에서 집단, 조직으로 확대되었다. 또한 이 시기에 사회복지분야에서의 임파워먼트는 사회운동에서 전문용어로 되었다. 1980년대 이후에 임파워먼트는 세계시장에서 경쟁을 증진시키고, 미국산업을 활성화시키기 위한 중요한 키(key)로써 조직과 리더쉽에 관한 연구를 통해 경영분야에서 확대되었다.

최근에는 지식집약의 산업화와 정보화시대가 도래하면서, 전문적 지식을 통한 개인의 파워 증대가 가능한 사회적 환경으로 변화되었다. 개인의 학습의 관심과 노력을 통해 습득된 다양한 전문지식이 개인의 파워를 증대시키고, 그 증대된 파워를 통해 개인 스스로가 동기부여 되며, 결과적으로 조직의 역량을 증대시키는 역할인자로서의 임파워먼트에 대한 인식이 강조되고 있다.

사회복지현장실습 교육에서 셀프임파워먼트, 수퍼비전, 기관조직은 실습생의 임파워먼트를 강화시켜 준다.

2. 임파워먼트와 사회복지 전문직 정체성

임파워된 개인은 업무에 대한 집중력, 탄력성, 그리고 업무처리의 주도성이 증대한다. 또한 임파워된 개인은 업무에 대한 자신의 의미성이 높기 때문에 높은 조직몰입을 하게 된다고 하였다. 임파워된 각 구성원들은 기술, 전문지식, 자기관리 능력의 질적인 향상과 팀웍을 유도하여 결국

조직이 활성화를 가져오게 되며, 임파워된 개인은 조직과 자신을 동일시하는 정체성을 확립하여 조직에 헌신하는 성향이 강하게 나타난다.

사회복지실천분야에서 임파워먼트의 주된 연구는 클라이언트의 임파워먼트 증대를 위한 사회행동가 세력화에 초점이 맞추어져 있다. 또한, 사회복지사의 임파워먼트는 클라이언트에게 제공되는 서비스 효과성과 조직 효과성에 영향을 주며, 전문성을 통해서 임파워먼트가 강화되어야 서비스 질의 향상을 기대할 수 있다.

3. 임파워먼트의 매개효과

임파워먼트는 개입(intervention)의 역할을 하기도 하며, 환경과의 상호작용역할을 할 수 있으며, 특히 급속한 조직의 변화, 현재 조직구성원의 사기저하가 일어나고 있는 상황에 적합한 역할을 할 수 있기 때문에, 임파워먼트는 구조적인 상황과 개인의 결과변수간의 관련성에 매개적인 역할을 한다. 개인이 처한 상황이 개인의 임파워먼트 수준에 따라 다른 결과가 초래되는 것은 임파워먼트의 매개효과 때문이다.

제3절 임파원된 실습생 만들기

사회복지현장실습 요인들과 임파워먼트가 실습생들의 사회복지 정체성 형성에 중요한 영향을 미친다. 학생의 셀프-임파워먼트, 수퍼비전, 실습기관, 학교 요인은 임파워먼트의 매개역할을 통하여 실습생의 사회복지정체성을 형성한다. 이것을 도식화 하면 [그림 4-2]와 같다.

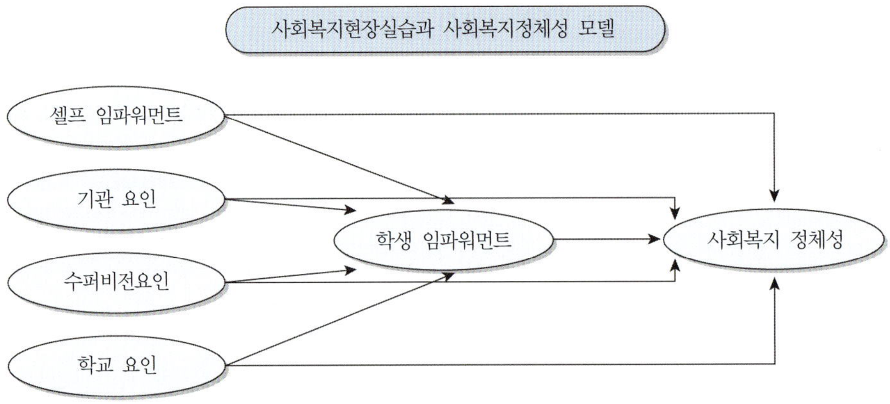

그림 4-2 사회복지 전문직 정체성에 영향을 미치는 요인들

첫째, 사회복지현장실습은 사회복지 전문직 정체성에 직접적인 영향을 갖는다. 둘째, 사회복지 현장실습은 학생 임파워먼트에 직접적인 영향을 미친다. 셋째, 임파워먼트는 사회복지 정체성에 직접적인 영향을 미친다. 즉, 사회복지현장실습은 학생임파워먼트에 영향을 미치고, 학생임파워먼트는 매개역할을 하여 학생의 사회복지 정체성 형성에 영향을 미친다.

사회복지현장실습은 학생들의 사회복지전문직 정체성 형성에 직접적으로 영향을 미치지 않고 학생 임파워먼트를 매개로 한 간접적인 영향력을 미친다. 즉, 사회복지현장실습과 사회복지정체성 변수사이에서 학생임파워먼트가 매개역할을 하고 있다는 점을 확인함으로써 수퍼바이저가 실습 학생들을 지도할 때 수퍼바이저, 실습기관, 학교 등의 실습요인도 중요하지만 학생들의 임파워먼트가 강화되지 않으면 사회복지전문직 정체성을 형성하는데 어려움이 있음을 시사한다. 그러므로 수퍼바이저는 실습지도를 할 때 학생들의 역량강화에 더 많은 관심을 가져야 한다. 수퍼바이저는 학생을 지도할 때 일방적인 지시와 교육보다는 실습생들이 업무에 대해 스스로 도전해 보고, 수퍼바이저와 함께 행동하고 일할 수 있는 기회를 되도록 많이 제공하여야 한다. 또한 학생들이 이룬 업무성과에 대해서는 인정과 보상을 통해 적극적 지지가 이루어져야 한다.

둘째, 실습요인 중 기관요인이 학생임파워먼트를 매개로 하여 학생들의 사회복지정체성 형성에 중요한 역할을 한다. 이는 실습기관이 학생의 임파워먼트에 직접적인 영향을 미치고 학생의 역량강화로 사회복지정체성 형성에 영향을 미치는 중요한 요인임을 의미한다. 그러므로 실습기관은 학생들의 역량강화를 위해 필요한 자원 지원을 아끼지 말아야 한다. 실습현장에 대해 충분히 이해를 할 수 있도록 기관현황, 직원들에 대한 급여수준, 직원과 다른 실습생들의 업무 수행에 관한 정보 등 세심하고 다양한 정보들을 제공해야 한다. 또한 학생들의 실습업무의 결정에 대한 영향력을 부여하고, 업무의 목표 달성을 위한 권한부여를 강화시켜야 한다.

셋째, 학교요인이 학생임파워먼트를 매개로 하여 사회복지정체성 형성에 중요한 역할을 한다. 이 결과는 학교의 학생 실습지도는 학생들의 역량강화에 중점을 두어야 함을 의미한다. 또한, 실습 종료 후 실습세미나를 통해 실습기관의 부족함을 보강하고, 실습기관에서 충족되지 못한 실습내용들을 보충해 줌으로써 학생 스스로 임파워먼트될 수 있도록 지지해 주는 노력이 필요함을 의미한다. 학교의 실습지도교수는 실습기관이 학생들의 전문직 정체성 형성에 중요한 요인이 되므로 실습기관 선정 시 신중하게 고려하여 선택해야 한다. 학생들도 실습 기관의 선정을 학교의 책임으로만 간주할 것이 아니라 적극적인 자세로 자신에게 적합한 실습기관을 선정해야 한다. 실습지도교수는 실습수업을 통해 학생들이 학습동기를 부여받을 수 있도록 실습목표를 분명히 설정하고, 조언과 지지를 제공해야 한다. 또한, 실습기관과 학교가 학생의 역량강화에 영향을 주는 요인이기 때문에 두 기관의 협력적인 관계의 설정과 운용이 필요하겠다.

제2편

현장실습의 실제

제5장 실습준비
제6장 사회복지현장실습 진행절차
제7장 실습내용

제5장

실습준비

제1절 실습생의 자세와 역할

1. 사회복지사 선서

사회복지사 선서는 실습생이 준사회복지사로서 사회복지사 선서를 마음속에 늘 간직함으로써 사회복지 전문가로서의 정체성을 확립하는데 바탕이 된다. 실습에 임하기전 사회복지사 선서를 낭독하는 것은 실습의 올바른 마음가짐을 갖는데 도움이 된다.

> **사회복지사 선서**
>
> 나는 모든 사람들이 인간다운 삶을 누릴 수 있도록, 인간존엄성과 사회정의의 신념을 바탕으로, 개인·가족·집단·조직·지역사회·전체사회와 함께 한다.
>
> 나는 언제나 소외되고 고통 받는 사람들의 편에 서서, 저들의 인권과 권익을 지키며, 사회의 불의와 부정을 거부하고, 개인이익보다 공공이익을 앞세운다.
>
> 나는 사회복지사 윤리강령을 준수함으로써, 도덕성과 책임성을 갖춘 사회복지사로 헌신한다.
>
> 나는 나의 자유의지에 따라 명예를 걸고 이를 엄숙하게 선사합니다.

2. 사회복지사 윤리강령

[전문]

사회복지사는 인본주의·평등주의 사상에 기초하여, 모든 인간의 존엄성과 가치를 존중하고 천부의 자유권과 생존권의 보장활동에 헌신한다. 특히 사회적·경제적 약자들의 편에 서서 사회정의와 평등·자유와 민주주의 가치를 실현하는데 앞장선다. 또한 도움을 필요로 하는 사람들의 사회적 지위와 기능을 향상시키기 위해 저들과 함께 일하며, 사회제도 개선과 관련된 제반 활동에 주도적으로 참여한다. 사회복지사는 개인의 주체성과 자기결정권을 보장하는 데 최선을 다하고, 어떠한 여건 에서도 개인이 부당하게 희생되는 일이 없도록 한다. 이러한 사명을 실천하기 위하여 전문적 지식과 기술을 개발하고, 사회적 가치를 실현하는 전문가로서의 능력과 품위를 유지하기 위해 노력한다. 이에 우리는 클라이언트·동료·기관 그리고, 지역사회 및 전체사회와 관련된 사회복지사의 행위와 활동을 판단·평가하며 인도하는 윤리기준을 다음과 같이 선언하고 이를 준수할 것을 다짐한다.

[윤리기준]

Ⅰ. 사회복지사의 기본적 윤리기준

1. 전문가로서의 자세

1) 사회복지사는 전문가로서의 품위와 자질을 유지하고, 자신이 맡고 있는 업무에 대해 책임을 진다.
2) 사회복지사는 클라이언트의 종교·인종·성·연령·국적·결혼상태·성 취향·경제적 지위·정치적 신념·정신, 신체적 장애·기타 개인적 선호, 특징, 조건, 지위를 이유로 차별 대우를 하지 않는다.
3) 사회복지사는 전문가로서 성실하고 공정하게 업무를 수행하며, 이 과정에서 어떠한 부당한 압력에도 타협하지 않는다.
4) 사회복지사는 사회정의 실현과 클라이언트의 복지 증진에 헌신하며, 이를 위한 환경 조성을 국가와 사회에 요구해야 한다.
5) 사회복지사는 전문적 가치와 판단에 따라 업무를 수행함에 있어, 기관 내외로부터 부당한 간섭이나 압력을 받지 않는다.
6) 사회복지사는 자신의 이익을 위해 사회복지 전문직의 가치와 권위를 훼손해서는 안된다.
7) 사회복지사는 한국사회복지사협회 등 전문가단체 활동에 적극 참여하여, 사회정의 실현과 사회 복지사의 권익옹호를 위해 노력해야 한다.

2. 전문성 개발을 위한 노력

1) 사회복지사는 클라이언트에게 최상의 서비스를 제공하기 위해, 지식과 기술을 개발하는데 최선 을 다하며 이를 활용하고 전파할 책임이 있다.
2) 클라이언트를 대상으로 연구하는 사회복지사는 저들의 권리를 보장하기 위해, 자발적이고 고지 된 동의를 얻어야 한다.
3) 연구과정에서 얻은 정보는 비밀보장의 원칙에서 다루어져야 하고, 이 과정에서 클라이언트는 신체적, 정신적 불편이나 위험·위해 등으로부터 보호되어야 한다.
4) 사회복지사는 전문성을 개발하기 위해 노력하되, 이를 이유로 서비스의 제공을 소홀히 해서는 안된다.

5) 사회복지사는 한국사회복지사협회 등이 실시하는 제반교육에 적극 참여하여야 한다.

3. 경제적 이득에 대한 태도

1) 사회복지사는 클라이언트의 지불능력에 상관없이 서비스를 제공해야 하며, 이를 이유로 차별대우를 해서는 안 된다.
2) 사회복지사는 필요한 경우에 제공된 서비스에 대해, 공정하고 합리적으로 이용료를 책정해야 한다.
3) 사회복지사는 업무와 관련하여 정당하지 않은 방법으로 경제적 이득을 취하여서는 안 된다.

Ⅱ. 사회복지사의 클라이언트에 대한 윤리기준

1. 클라이언트와의 관계

1) 사회복지사는 클라이언트의 권익옹호를 최우선의 가치로 삼고 행동한다.
2) 사회복지사는 클라이언트에 대하여 인간으로서의 존엄성을 존중해야 하며, 전문적 기술과 능력을 최대한 발휘한다.
3) 사회복지사는 클라이언트가 자기결정권을 최대한 행사할 수 있도록 도와야 하며, 저들의 이익을 최대한 대변해야 한다.
4) 사회복지사는 클라이언트의 사생활을 존중하고 보호하며, 직무 수행과정에서 얻은 정보에 대해 철저하게 비밀을 유지해야 한다.
5) 사회복지사는 클라이언트가 받는 서비스의 범위와 내용에 대해, 정확하고 충분한 정보를 제공함으로써 알 권리를 인정하고 존중해야 한다.
6) 사회복지사는 문서·사진·컴퓨터 파일 등의 형태로 된 클라이언트의 정보에 대해 비밀보장의 한계·정보를 얻어야 하는 목적 및 활용에 대해 구체적으로 알려야 하며, 정보 공개시에는 동의를 얻어야 한다.
7) 사회복지사는 개인적 이익을 위해 클라이언트와의 전문적 관계를 이용하여서는 안 된다.
8) 사회복지사는 어떠한 상황에서도 클라이언트와 부적절한 성적관계를 가져서는 안 된다.
9) 사회복지사는 사회복지 증진을 위한 환경조성에 클라이언트를 동반자로 인정하고 함께 일해야 한다.

2. 동료의 클라이언트와의 관계

1) 사회복지사는 적법하고도 적절한 논의 없이 동료 혹은, 다른 기관의 클라이언트와 전문적 관계를 맺어서는 안 된다.
2) 사회복지사는 긴급한 사정으로 인해 동료의 클라이언트를 맡게 된 경우, 자신의 의뢰인처럼 관심을 갖고 서비스를 제공한다.

Ⅲ. 사회복지사의 동료에 대한 윤리기준

1. 동료

1) 사회복지사는 존중과 신뢰로서 동료를 대하며, 전문가로서의 지위와 인격을 훼손하는 언행을 하지 않는다.
2) 사회복지사는 사회복지 전문직의 이익과 권익을 증진시키기 위해 동료와 협력해야 한다.
3) 사회복지사는 동료의 윤리적이고 전문적인 행위를 촉진시켜야 하며, 이에 반하는 경우에는 제 반 법률규정이나 윤리기준에 따라 대처해야 한다.
4) 사회복지사가 전문적인 판단과 실천이 미흡하여 문제를 야기시켰을 때에는, 적절한 조치를 취하여 클라이언트의 이익을 보호해야 한다.
5) 사회복지사는 전문직 내 다른 구성원이 행한 비윤리적 행위에 대해, 제반 법률규정이나 윤리기 준에 따라 조치를 취해야 한다.
6) 사회복지사는 동료 및 타 전문직 동료의 직무 가치와 내용을 인정·이해하며, 상호간에 민주적인 직무관계를 이루도록 노력해야 한다.

2. 수퍼바이저

1) 수퍼바이저는 개인적인 이익의 추구를 위해 자신의 지위를 이용해서는 안 된다.
2) 수퍼바이저는 전문적 기준에 의해 공정하게 책임을 수행하며, 사회복지사·수련생 및 실습생에 대한 평가는 저들과 공유해야 한다.
3) 사회복지사는 수퍼바이저의 전문적 지도와 조언을 존중해야 하며, 수퍼바이저는 사회복지사의 전문적 업무수행을 도와야 한다.
4) 수퍼바이저는 사회복지사·수련생 및 실습생에 대해 인격적·성적으로 수치심을 주는 행위를 해 서는 안 된다.

Ⅳ. 사회복지사의 사회에 대한 윤리기준

1) 사회복지사는 인권존중과 인간평등을 위해 헌신해야 하며, 사회적 약자를 옹호 하고 대변하는 일을 주도해야 한다.
2) 사회복지사는 필요한 사회서비스를 개발하기 위한 사회정책의 수립·발전·입법·집행에 적극적으로 참여하고 지원해야 한다.
3) 사회복지사는 사회환경을 개선하고 사회정의를 증진시키기 위한 사회정책의 수립·발전·입법·집행을 요구하고 옹호해야 한다.
4) 사회복지사는 자신이 일하는 지역사회의 문제를 이해하고, 그것을 해결하는 일에 적극적으로 참여해야 한다.

Ⅴ. 사회복지사의 기관에 대한 윤리기준

1) 사회복지사는 기관의 정책과 사업 목표의 달성, 서비스의 효율성과 효과성의 증진을 위해 노력함으로써, 클라이언트에게 이익이 되도록 해야 한다.
2) 사회복지사는 기관의 부당한 정책이나 요구에 대하여, 전문직의 가치와 지식을 근거로 이에 대응하고 즉시 사회복지윤리위원회에 보고해야 한다.
3) 사회복지사는 소속기관 활동에 적극 참여함으로써, 기관의 성장발전을 위해 노력해야 한다.

Ⅵ. 사회복지윤리위원회의 구성과 운영

1) 한국사회복지사협회는 사회복지윤리위원회를 구성하여, 사회복지윤리실천의 질적인 향상을 도모하여야 한다.
2) 사회복지윤리위원회는 윤리강령을 위배하거나 침해하는 행위를 접수받아, 공식적인 절차를 통해 대처하여야 한다.
3) 사회복지사는 한국사회복지사협회의 윤리적 권고와 결정을 존중하여야 한다.

3. 바람직한 실습생의 자세

1) 실습 전

실습생들이 전문적인 기술들을 습득하기 위한 실습을 하기 위해서는 무엇보다도 실습 전 여러 가지 준비를 해야 한다.

- 어떤 실습기관 인가?
- 실습지도자는 누구인가?
- 무슨 실습내용을 포함하고 있는가?

이와 같은 질문은 사회복지 전문 기술과 지식을 습득하는데 중요한 요인들이다. 그러므로 실습생들은 실습 전에 좋은 실습기관, 실습지도자, 실습내용 등을 면밀히 살펴보고 실습기관을 선택해야 한다.

실습생들은 실습기관 선정 시 자신에게 적합한 사회복지실천분야를 알아보기 위한 좋은 기회이며, 취업의 기회가 된다는 점을 고려하여 선정하여야 한다. 실습생은 실습기관을 선정하기 위해 많은 노력과 시간을 기울여야 한다. 실습기관에 대한 다양한 정보를 파악해야 한다. 학교에서는 교수와 선배들의 조언을 듣고, 학교에서 실시된 실습보고회 및 실습보고서 등이 좋은 정보이다. 또한, 사회복지관련 대표적인 홈페이지를 살펴보는 것도 좋은 정보를 얻을 수 있다. 그러나 가장 좋은 방법은 실습생 본인에게 맞는 기관을 찾기 위해서는 사전에 자원봉사활동을 통해서 정보와 자기 적성에 맞는지를 확인하는 것이 가장 바람직한 자세이다.

실습기관이 선정되었으면 사전에 기관방문을 하여 실습지도자와 면담을 통해 실습지도자의 성향, 실습지도자의 자세 등을 파악해야 한다. 실습지도자는 실습생에게 전문직 정체성을 확립하는데 가장 중요한 요인이므로 어떤 실습지도자는 만나는 가는 사회복지직을 직업으로 선택하고자 하는 실습생에게는 매우 중요한 만남이다. 실습 기간은 학 한기의 짧은 시간이지만 취업 후 사회복지사의 전문직을 수행할 때는 계속적인 영향을 미치게 된다.

2) 실습 중

한국사회복지사협회에서 제시한 사회복지 실습생으로서 사회복지사 윤리강령은 실습생으로서 임해야 할 기본 자세이다.

(1) 실습의 목적과 중요성을 충분히 이해하고 실습계약 사항을 이행하기 위하여 최선의 자세로 실습에 임한다.

(2) 실습은 대학에서 학습된 이론을 구체적으로 적용하는 과정임을 인식하여 이에 최선을 다한다.

(3) 실습교육기관의 구성원이라는 생각으로 타 구성원과 협력하며 친화적인 태도를 취한다.

(4) 기관의 정책을 이해하고 수용하며 실습과정에서 준수하도록 한다.

(5) 근무시간은 기관의 규정에 준하며 직원과 동일한 자세로 근무시간에 임하도록 한다. 실습시작 최소 10분전에 출근하여 출근을 확인하며, 업무에 관계된 사항을 사전에 준비하도록 한다. 결근, 조퇴, 지각 등 근태와 관련된 사항은 반드시 실습지도자에게 사전에 보고하여 허락을 받도록 한다.

(6) 실습지도자의 지시뿐 아니라 타직원의 지도를 잘 이행하므로 실습효과를 최대화 하도록 한다. 직무에 강한 책임감과 열의를 갖고 적극적으로 임하며 타인에게 책임을 전가하거나 태만하게 행동하지 않는다. 또한, 기관을 대표한다는 자세로 실습교육기관의 직원들과 동일한 업무 태도와 자세를 취한다.

(7) 실습으로 인하여 알게 된 클라이언트의 사적인 정보를 교육적 목적(대학실습지도 등) 이외에는 절대 발설하지 않으며, 교육적 목적이라 하더라도 가명을 사용하여 개인의 비밀이 침해되지 않도록 한다. 실습종료 후, 실습관련 내용을 학회지 등에 게재하고자 할 때는 반드시 실습지도자와 상의하여 허락을 받아야 한다.

(8) 실습지도자의 지도 혹은 타실습생의 실습을 견학, 관찰할 경우 배우는 자세로 진지한 태도를 취한다.

(9) 기관의 직원, 클라이언트 등에 대해 예의를 지킨다.

(10) 복장, 소지품은 실습 기관의 특성과 상황에 맞게 취하되 가능한 화려한 것을 피하고 검소

하며 단정한 것으로 착용하도록 한다.

(11) 안전사고에 만반을 기하도록 하며 안전사고와 관련된 기관의 규정을 사전에 숙지하여 그에 준해 처리하도록 한다.

(12) 실습일지를 비롯한 각종 실습기록은 사실에 근거하여 정확하고 구체적으로 정리하여 실습 시 실습지도자와 실습지도교수의 강평을 받는다.

(13) 과제에 관하여 연구하고 그 결과물에 대해 실습지도자의 강평을 받는다. 과제물은 정해진 기일에 제출하고 출근 전에 작성을 마친다.

(14) 실습과정 중 어떤 경우라도 사례금 등의 금품을 절대 주거나 받지 않는다.

(15) 기관의 명칭을 사적으로 활용하지 않으며 실습생의 신분을 지킨다.

3) 실습 후

(1) 실습평가서가 학교에 정확히 도달 여부 확인

실습 후에는 실습지도자의 실습평가서가 학교로 정확히 도달되었는가를 확인해야 한다. 간혹 실습지도자가 업무상 바쁜 관계로 실습평가서를 보내는 않는 경우가 종종 있다. 실습 종료 후 일정기간이 지난 후 학교의 실습담당조교에게 확인 후 실습지도자에게 정중히 요청해야 한다.

(2) 실습확인서 확인

실습확인서는 졸업 후 한국사회복지사협회에 자격증 신청할 때 제출해야 할 필수 서류 중 하나이다. 실습 종료 후 실습확인서 1부를 실습기관에서 학교로 우편발송하면 실습지도 교수 확인 후 실습생 각 개인에게 우편으로 발송한다.

(3) 실습 종료 후에도 계속적인 실습기관과 실습지도자와의 관계성 유지를 해야 한다. 자원봉사활동은 실습기관과의 관계를 유지할 수 있으며, 자원봉사활동을 통한 실습기관과의 지속적인 관계 유지는 졸업 후 취업정보나 실무경험을 익히는데 유용하다.

표 5-1 사회복지현장실습확인서

사회복지 현장실습 확인서 〈2015.03.01.개정〉

<table>
<tr><td rowspan="3">실습생
인적사항</td><td>성 명</td><td colspan="2"></td><td colspan="2">생년월일</td><td>※ '주민등록번호' 앞자리 6개</td></tr>
<tr><td>전화번호</td><td colspan="2"></td><td colspan="2">휴대전화</td><td></td></tr>
<tr><td>학교·학과명</td><td colspan="2"></td><td colspan="2">실습지도 교수 성명</td><td></td></tr>
<tr><td rowspan="9">실습기관</td><td>실습기관명</td><td colspan="2"></td><td colspan="2">실습기관등록번호</td><td></td></tr>
<tr><td>주 소</td><td colspan="3">※ '도로명 주소'로 기입해 주세요</td><td>전화번호</td><td></td></tr>
<tr><td>실습기간</td><td colspan="5">년 월 일~ 년 월 일까지</td></tr>
<tr><td>실습시간</td><td colspan="5">총 시간 (1일 평균 시간)</td></tr>
<tr><td>실습 지도자명</td><td colspan="2"></td><td colspan="2">사회복지사 자격번호
(취득일)</td><td></td></tr>
<tr><td colspan="2">실습지도자 경력기간</td><td colspan="3">기관명</td><td>담당 업무</td></tr>
<tr><td colspan="2">년 월 일~ 년 월 일</td><td colspan="3"></td><td></td></tr>
<tr><td colspan="2">년 월 일~ 년 월 일</td><td colspan="3"></td><td></td></tr>
</table>

위와 같이 실습 내용을 확인합니다.

년 월 일

실습지도자 : (서명 또는 인)

실 습 기 관 : (직인)

년 월 일

실습지도교수 : (서명 또는 인)

한국사회복지사협회장 귀하

○ 실습기관 등록번호는 한국사회복지사협회 사회복지현장실습 등록시스템((http://lic.welfare.net)에 실습기관으로 등록한 기관만 기재하시기 바랍니다.

○ 실습지도자, 실습기관, 실습지도교수의 서명 또는 직인은 세 개 모두 기재하여야 합니다.

○ 사회복지현장실습 확인서 작성 예시는 홈페이지(http://lic.welfare.net)를 참고하시기 바랍니다.

○ 본 문서는 국가자격증 발급에 결정적 영향을 줍니다. 허위사실 기재로 판명될 경우, 자격증 발급이 되지 않을 수 있으며 이미 발급되었다 하더라도 자격이 취소 될 수 있습니다. 또한, 자격 심사에 필요한 사항이 확인되지 않을 경우 추가 서류를 요청할 수 있습니다.

[붙임] 사회복지현장실습 간접실습 실시에 따른 사회복지현장실습 확인서

사회복지현장실습 확인서[간접실습 해당자]

<table>
<tr><td rowspan="2">실습생 인적사항</td><td>성명</td><td colspan="2"></td><td colspan="2">생년월일</td><td></td></tr>
<tr><td>전화번호</td><td colspan="2"></td><td colspan="2">휴대전화</td><td></td></tr>
<tr><td rowspan="5">실습기관 및 실습지도자 인적사항</td><td>실습기관명</td><td colspan="2"></td><td colspan="2">실습기관 관리번호</td><td></td></tr>
<tr><td>주소</td><td colspan="3">※ '도로명 주소'로 기입해 주세요</td><td>전화번호</td><td></td></tr>
<tr><td>기관실습
지도자명</td><td></td><td colspan="2">사회복지사 자격번호
(취득일)</td><td colspan="2">제 - 호
(. . .)</td></tr>
<tr><td>실습기간</td><td colspan="5">년 월 일 부터 년 월 일 까지</td></tr>
<tr><td>실습시간</td><td colspan="5">총 시간 (1일 평균 시간)</td></tr>
</table>

위와 같이 기관실습하였음을 확인합니다.

년 월 일

실습지도자 : (서명 또는 인)

실 습 기 관 : (직 인)

<table>
<tr><td rowspan="3">간접실습</td><td>학교명</td><td></td><td>간접실습 지도교수</td><td></td></tr>
<tr><td>학과명</td><td></td><td>간접실습 실시시간</td><td>총 시간</td></tr>
<tr><td>간접실습기간</td><td colspan="3">년 월 일 부터 년 월 일 까지</td></tr>
</table>

위와 같이 간접실습하였음을 확인합니다.

년 월 일

실습지도교수 : (서명 또는 인)

한국사회복지사협회장 귀하

- ○ 실습기관 관리번호는 보건복지부 장관이 선정 고시한 실습기관 관리번호를 기재하시기 바랍니다.
- ○ 실습지도자, 실습기관, 실습지도교수의 서명 또는 직인은 세 개 모두 기재하여야 합니다.
- ○ 본 문서는 국가자격증 발급에 결정적 영향을 줍니다. 허위사실 기재로 판명될 경우, 자격증 발급이 되지 않을 수 있으며 이미 발급되었다 하더라도 자격이 취소 될 수 있습니다. 또한, 자격 심사에 필요한 사항이 확인되지 않을 경우 추가 서류를 요청할 수 있습니다.

〈사회복지현장실습에 관한 기준〉 – 사회복지사업법 시행규칙 제3조 관련 [별표1]

① 기관실습 실시기관 : 보건복지부장관으로부터 선정된 사회복지사업을 수행하는 기관, 법인, 시설 또는 단체

② 실습지도자 : 사회복지사 1급 자격증을 취득한 이후 3년 이상 또는 사회복지사 2급 자격증을 취득한 이후 5년 이상 사회복지사업의 실무경험이 있는 자로 기관실습이 실시되는 연도의 전년도에 8시간 이상의 보수교육을 받은 자

③ 실습시간 : 160시간 이상으로 한다(단, 2020.1.1. 기준 사회복지학 전공교과목과 사회복지관련 교과목의 전부 또는 일부 이수하였거나 수강하고 있는 사람은 120시간 이상).

※ 법령이 정한 상기 기준은 모두 충족해야 하며, 미충족시 사회복지사자격증을 교부할 수 없습니다.

표 5-2 실습평가서

<table>
<tr><th colspan="4">실습평가서(교육기관 발송용)</th></tr>
<tr><td>기관명</td><td></td><td>실습지도자</td><td></td></tr>
<tr><td>실습부서</td><td></td><td>실습지도 교수</td><td></td></tr>
<tr><td>실습기간</td><td colspan="3"></td></tr>
<tr><td>실습생</td><td></td><td>평가일시</td><td></td></tr>
</table>

* 출석상황

☐ 무단결석 없음 ☐ 무단결석 1회 ☐ 무단결석 2회 ☐ 무단결석 3회 이상

* 다음은 실습생에 관한 평가입니다. 실습생이 실습지도 기간 동안 보여주었던 태도와 행동을 기준으로 아래 항목에 솔직하게 평가해주기 바랍니다.

실습내용에 포함되어 있는 사항에 관해서만 평가하여주시고, 평균에는 평가항목 총점을 평가항목 개수로 나눈 점수를 기입하면 됩니다.

(1점 : 매우 그렇지 못하다. ~5점 : 매우 그렇다.)

<table>
<tr><th></th><th>내 용</th><th>1</th><th>2</th><th>3</th><th>4</th><th>5</th></tr>
<tr><td rowspan="5">실습 지도에 대한 태도</td><td>1. 실습지도 시간을 엄수한다.</td><td></td><td></td><td></td><td></td><td></td></tr>
<tr><td>2. 적극적이고 긍정적인 자세로 실습지도에 참여한다.</td><td></td><td></td><td></td><td></td><td></td></tr>
<tr><td>3. 실습지도에서 지적된 내용을 수용한다.</td><td></td><td></td><td></td><td></td><td></td></tr>
<tr><td>4. 배우는 입장에서 진지하게 노력하고 발전하려는 태도를 갖는다.</td><td></td><td></td><td></td><td></td><td></td></tr>
<tr><td>5. 실습지도자와 실습생으로서 공식적 관계를 형성한다.</td><td></td><td></td><td></td><td></td><td></td></tr>
<tr><td rowspan="4">기관이해 및 관계유지</td><td>6. 동료실습생과 긍정적이고 원만한 협력 관계를 유지한다.</td><td></td><td></td><td></td><td></td><td></td></tr>
<tr><td>7. 기관의 목적, 정책, 규칙, 사업내용을 이해한다.</td><td></td><td></td><td></td><td></td><td></td></tr>
<tr><td>8. 기관 내에서 실습생으로서의 권한과 한계를 알고 일한다.</td><td></td><td></td><td></td><td></td><td></td></tr>
<tr><td>9. 기관 내 타직원과 협조적인 대인관계를 형성, 유지하여 업무를 처리한다.</td><td></td><td></td><td></td><td></td><td></td></tr>
<tr><td rowspan="6">기본적 태도와 자질</td><td>10. 일의 우선순위를 결정하는 능력이 있다.</td><td></td><td></td><td></td><td></td><td></td></tr>
<tr><td>11. 할당된 시간 안에 일을 계획하고 수행한다.</td><td></td><td></td><td></td><td></td><td></td></tr>
<tr><td>12. 자신의 장점과 단점을 잘 인식하고 대응한다.</td><td></td><td></td><td></td><td></td><td></td></tr>
<tr><td>13. 사회복지실천 지식을 실습내용에 적용한다.</td><td></td><td></td><td></td><td></td><td></td></tr>
<tr><td>14. 사회복지실천의 가치와 윤리를 갖고 임한다.</td><td></td><td></td><td></td><td></td><td></td></tr>
<tr><td>15. 전문가로서의 편견, 선입견, 고정관념을 인식하고 객관성을 유지한다.</td><td></td><td></td><td></td><td></td><td></td></tr>
</table>

	내 용	1	2	3	4	5
	16. 실습지도 내용을 실행에 옮긴다.					
	17. 실습과정을 책임감 있게 수행한다.					
기 록	18. 기록, 보고서 등을 정해진 일시에 제출한다.					
	19. 실습내용을 사실에 근거하여 정확하게 기록한다.					
	20. 실습내용을 체계적이고 구체적으로 기록한다.					
	21. 클라이언트와의 상호작용 및 실습생의 사고와 감정을 기록한다.					
	22. 실습지도를 통해 지적된 사항 및 배운 것을 정확히 기록한다.					
전문적 태도와 관계 형성	23. 클라이언트와 전문적 관계를 형성하고 활용한다.					
	24. 전문적 관계형성에서 동정과 감정이입을 구별하여 적용한다.					
	25. 주변의 자원을 파악하고 그것을 활용하려고 노력한다.					
	26. 비심판적이며 경청과 수용의 태도를 갖는다.					
	27. 클라이언트의 능력과 동기의 한계를 수용한다.					
	28. 실습지도자가 지시한 것을 잘 파악하여 실행에 옮긴다.					
개인에 대한 개입	29. 클라이언트가 표현한 의사소통과 암시적인 의사소통을 이해한다.					
	30. 실습생이 의도한 바를 클라이언트에게 명확하게 전달한다.					
	31. 클라이언트의 문제와 상황에 관련된 정확한 자료를 수집한다.					
	32. 수집된 자료를 체계적으로 종합하고 이론에 기초하여 사정한다.					
	33. 클라이언트 가족 등 주변의 지지자원을 활용한다.					
	34. 클라이언트와 환경의 상호역동성의 이해아래 개입목표와 전략을 수립한다.					
	35. 개입목표에 따라 클라이언트의 긍정적인 변화를 유도한다.					
가족에 대한 개입	36. 가족의 역동성을 파악하고 가족상황에 관련된 정확한 자료를 수집한다.					
	37. 가족의 구조를 명확히 이해하여 필요한 가족개입의 기술을 활용한다.					
	38. 가족의 상호역동성의 이해아래 개입목표와 전략을 수립한다.					
	39. 가족 구성원을 개별화하고 성원들이 긍정적으로 변화하도록 유도한다.					
집단에 대한 개입	40. 집단 역동을 파악하여 의미 있는 개입으로 집단을 지도한다.					
	41. 집단에서 주 진행자와 보조진행자의 의미와 역할을 알고 실천한다.					
	42. 집단의 구조를 명확히 하고 필요한 집단지도의 기술을 활용한다.					

	내 용	1	2	3	4	5
	43. 집단 성원을 개별화하고 성원간 의미 있는 관계를 형성하도록 한다.					
	44. 집단의 목적에 대해 정확히 사정한다.					
	45. 정확한 사정에 입각하여 적절한 프로그램을 계획하고 실행한다.					
	46. 집단의 상호작용이 목적 지향적이고 성원들이 긍정적으로 변화하도록 한다.					
지역 사회에 대한 개입	47. 지역주민들이 지역사회의 요구와 문제를 파악하도록 돕는다.					
	48. 파악된 지역사회요구를 사회행동으로 계획하고 실행한다.					
	49. 지역사회구조와 권력에 대해 이해하고 그 지역사회 상황을 정확히 파악한다.					
	50. 지역사회자원을 정확히 파악하고 접근한다.					
정책 및 행정 분야	51. 정책형성 및 개선과 관련된 이해집단들의 문제 상황 및 요구와 정책발의자들 및 집행자들의 이해관계를 정확하고 객관적으로 이해한다.					
	52. 정책형성 및 개선과 관련된 이해집단과 건설적이고 전문적인 관계를 맺는다.					
	53. 문제 상황에 적합한 정책대안을 개발하는데 적극적으로 참여한다.					
	54. 기본정보를 정확히 사용하며 실증적인 자료 분석의 지식을 갖고 문제를 분석한다.					
	55. 사회복지행정체계 및 전달체계에 대해 정확하게 이해한다.					

<table>
<tr><td>총 평</td><td colspan="5">(※ 실습생의 실천가로서의 장단점 및 대학에 대한 건의)</td></tr>
<tr><td>평가문항개수</td><td colspan="2"></td><td colspan="2">총 점</td><td></td></tr>
<tr><td>평 균
(총점÷평가문항개수)</td><td colspan="5">(※ 기록 후 테이프 부착 후 실습지도자 서명 요망)</td></tr>
<tr><td rowspan="4">평점부여</td><td colspan="5">※ 여기에 부여하는 평점은 실습생이 받게 되는 성적표상의 최종 평점은 아닙니다. 교육기관 실습지도 점수와 함께 사회복지현장실습 평점 부여 시 주요 고려사항이 됩니다.</td></tr>
<tr><td>□ A+</td><td>□ B+</td><td>□ C+</td><td>□ D+</td><td rowspan="3">□ F</td></tr>
<tr><td>□ A0</td><td>□ B0</td><td>□ C0</td><td>□ D0</td></tr>
<tr><td>□ A−</td><td>□ B−</td><td>□ C−</td><td>□ D−</td></tr>
</table>

실 습 지 도 자 : (인)

기 관 장 : (인)

실습평가서는 실습지도에 대한 태도, 기관 이해 및 관계유지, 기본적 태도와 자질, 기록, 전문적 태도와 관계형성, 개인·가족·지역사회에 개입, 정책 및 행정분야 등의 영역으로 구성되었다. 5점 리커트 척도로 되었다. 평가항목을 구체적으로 살펴보면 실습을 어떻게 수행할 지에 대해 도움을 받을 수 있다. 즉, 평가항목은 행동지침서와 같은 역할을 한다.

제2절 실습준비 서류 작성 사례

1. 실습계약서 실제 작성

실습을 진행하게 되면 통상적으로 실습기관 오리엔테이션 실시 후 실습서약서와 실습계약서를 작성하게 된다. 만약 실습기관에서 실습계약서를 작성하지 않으면 스스로 작성해 보는 것도 마음가짐에 도움이 된다.

표 5-3 실습생서약서

실 습 생 서 약 서

본인은 ○○ 기관의 실습생으로서 다음의 사항을 준수할 것을 서약합니다.

1. 사회복지사 윤리강령
2. 클라이언트와 기관에 대한 비밀 유지
3. 실습교육기관 및 실습지도자의 요구사항

년 월 일

실습생 : (인)

○○ 기관 귀중

표 5-4 실습계약서의 작성 사례

실습계약서

실습생명	○○○	소속 대학	○○ 대학교
기관명	○○ 종합사회복지관	주소·전화번호	
실습지도자	○○○ 사회복지사	실습지도교수	○○○ 교수님

1. 일반적 사항
   (1) 실습기간 : 2011년 7월 4일부터 2011년 7월 29일 까지 총 20일
   (2) 업무시간 : 주 5일 근무, 9시부터 18시까지
   (3) 대학 실습세미나 시간 : 토요일, 11시 부터 2시 까지

2. 실습의 목적과 목표
   (1) 목적 : 사회복지이론을 실무에 적용하는 과정을 통하여 전문적인 기술을 습득하며 전문 사회복지사로서의 자질을 향상시킨다.
   (2) 목표
      ① 지역복지 실습을 통해 사회복지 분야 가운데 나의 강점에 부합하는 분야를 확정하고 관련된 진로의 방향을 탐색한다.
      ② 다양한 교육과 경험을 통해 사회복지사로서의 실천기술을 익힌다.
   (3) 내용 : OT 및 중간·종결평가회, 공통교육 5회, 체험교육 4회,
   개별수퍼비전(서면 매일1회, 면담 총 3회 30분씩 외),
   집단수퍼비전(매일 2회 30분씩 외), 분야별실습(학부–지역복지)

3. 실습생 준수사항 : 실습일정 및 출퇴근 시간 준수, 과제물 기한 엄수, 사회복지사 윤리강령 준수

4. 실습지도자의 자격요건 : 사회복지사 1급 자격증 소지, 사회복지경력 3년 이상, 본 기관 근무경력 1년 이상, 실습생과 동등학력 이상, 매년 내·외부 보수교육 이수

5. 실습지도교수 협조사항 : 실습과업 수행을 위한 수퍼비전 및 1회 기관방문

상기 사항을 성실하게 이행하여 실습을 진행하도록 하겠습니다.

2011 년 7 월 4 일

실 습 생 : ○ ○ ○ (인)
실습지도자 : ○ ○ ○ (인)
실습지도교수 : ○ ○ ○ (인)

2. 실습신청서

1) 실습신청서 작성의 중요성

실습신청서는 실습생이 실습기관을 정한 후 학교와 실습기관이 서로 공적인 관계를 맺는 과정을 요청하는 것이다. 학교는 실습기관에 실습의뢰 공문을 발송하고 실습기관에서는 실습의뢰에 대한 회신을 학교에 보내는 절차가 진행된다.

그러므로 반드시 실습생은 실습신청서를 작성한 후 공문이 처리된 후 실습에 임해야 한다.

(1) 실습신청서는 실습하기 전 1주전에 열린사이버대학교 실습사이버강의실 [실습신청게시판]에서 직접 작성해야 한다.

(2) 실습신청서는 반드시 실습하기 전 1주전에 작성해야 한다. 학생이 작성한 실습신청서를 토대로 실습기관에 학교에서 실습의뢰 공문을 발송하는 기간이 1주정도 소요된다. 단, 학기초 3월과 9월초에는 실습신청서 작성 후 공문이 기관에 발송되지 않았더라도 교수의 승인이 되었다면 곧바로 실습이 가능하다.

(3) 실습신청서를 작성하지 않고 실시한 실습은 무효처리 되므로 반드시 실습신청서를 [실습신청게시판]에 작성 후 실습해야 한다.

2) 실습생 소개서

실습생 자신을 실습기관과 실습지도자에게 홍보하고 실습생이 실습에 임하는 자세를 알린다는 점에서 매우 중요하다. 인적사항에 관한 내용은 하나도 빠짐없이 모두 기입한다. 연락처는 유선, 무선, 메일 등이 누락되지 않도록 주의해야 한다.

표 5-5 실습신청서 작성예시

<table>
<tr><th colspan="5">실습신청서</th></tr>
<tr><td rowspan="4">실습생 인적사항</td><td>성 명</td><td></td><td>주민등록번호</td><td></td></tr>
<tr><td>주 소</td><td colspan="3"></td></tr>
<tr><td>전화번호</td><td></td><td>휴대전화</td><td></td></tr>
<tr><td>학교·학과명</td><td></td><td>실습지도 교수 성명</td><td></td></tr>
<tr><td rowspan="9">실습기관</td><td>실습기관명</td><td></td><td>전화번호</td><td></td></tr>
<tr><td>주 소</td><td colspan="3"></td></tr>
<tr><td>실습기간</td><td colspan="3">년 월 일~ 년 월 일까지</td></tr>
<tr><td>실습시간</td><td colspan="3">총 시간(매주 요일부터~ 요일까지, 1일 시간)</td></tr>
<tr><td>실습내용</td><td colspan="3"></td></tr>
<tr><td>실습 지도자명</td><td></td><td>사회복지사 자격번호
(취득일)</td><td>(. . .)</td></tr>
<tr><td colspan="2">실습지도자 경력기간</td><td colspan="2">담당 업무</td></tr>
<tr><td colspan="2">년 월 일~ 년 월 일</td><td colspan="2"></td></tr>
<tr><td colspan="2">년 월 일~ 년 월 일</td><td colspan="2"></td></tr>
</table>

○ 사회복지현장실습에 관한 기준 (「사회복지사업법 시행규칙」 제3조 관련 [별표1])

가. 실습기관 : 법 제2조제1호에 따른 사회복지사업과 관련된 법인·시설, 기관 및 단체로 한다.

나. 실습지도자 : 사회복지사 1급 자격증을 소지한 자로서 3년 이상 또는 사회복지사 2급 자격증을 소지한 자로서 5년 이상 사회복지사업의 실무경험이 있는 자가 실습을 지도하여야 한다.

다. 실습시간 : 현장실습시간은 120시간 이상으로 한다.

※ 위의 <u>법적 기준은 모두 충족해야 하며, 미충족시 자격증 취득이 불가능 합니다.</u>

실습생소개서				
성 명		성 별	남 □ 여 □	
소속대학		학 번		

1. 이수 전공과목

교과목명	이수 완료	현재 이수	교과목명	이수 완료	현재 이수	교과목명	이수 완료	현재 이수
사회복지개론			인간행동과 사회환경			사회복지실천론		
사회복지실천기술론			지역사회복지론			사회복지정책론		
사회복지행정론			사회복지법제론			사회복지조사론		
사회복지자료분석론			프로그램개발과평가			가족복지론		
아동복지론			청소년복지론			노인복지론		
여성복지론			장애인복지론			정신건강론		
정신보건사회복지론			의료사회복지론			학교사회복지론		
산업복지론			자원봉사론			사회문제론		
사회복지발달사			사회보장론			교정복지론		
사회복지윤리와철학			사회복지지도감독론			사회복지현장실습		

2. 사회복지를 전공하게 된 동기

3. 실습 기관 선택 이유

4. 실습을 통해서 성취하고자 하는 목표

5. 개인적 특성과 자질

1) 사회복지 지식 및 기술의 측면	2) 개인적인 특성 측면

6. 실습기관, 실습지도자 및 실습지도교수에게 바라는 점

7. 댓글

표 5-6 실습신청서

<table>
<tr><th colspan="5">사회복지현장실습신청서</th></tr>
<tr><td rowspan="4">실습생 인적사항</td><td>성 명</td><td>홍 길 동</td><td>주민등록번호</td><td>123456 – 1234554</td></tr>
<tr><td>주 소</td><td colspan="3">경기도 고양시 일산서구 대화동 2203-1 그린월드빌딩 8층</td></tr>
<tr><td>전화번호</td><td>031 – 929 – 2442</td><td>휴대전화</td><td>010 – 0100 – 0000</td></tr>
<tr><td>학교·학과명</td><td>열린사이버대학교/
사회복지학과</td><td>실습지도 교수 성명</td><td>순 덕 기</td></tr>
<tr><td rowspan="9">실습기관</td><td>실습기관명</td><td>한국종합사회복지관</td><td>전화번호</td><td>02 – 111 – 1111</td></tr>
<tr><td>주 소</td><td colspan="3">경기도 고양시 일산서구 대화동 2203-1 그린월드빌딩 8층</td></tr>
<tr><td>실습기간</td><td colspan="3">2013년 3월 2일 부터~2013년 4월 15일까지</td></tr>
<tr><td>실습시간</td><td colspan="3">총 120시간(매주 월요일부터~금요일까지, 1일 8시간)</td></tr>
<tr><td>실습내용</td><td colspan="3">상담, 프로그램 진행</td></tr>
<tr><td>실습 지도자명</td><td>이순재</td><td>사회복지사 자격번호
(취득일)</td><td>1 – 01234
(1995. 1. 1)</td></tr>
<tr><td colspan="2">실습지도자 경력기간</td><td colspan="2">담당 업무</td></tr>
<tr><td colspan="2">1995년 1월 1일~2000년 12월 31일</td><td colspan="2">대한종합복지관 복지팀장</td></tr>
<tr><td colspan="2">2001년 1월 1일~현재</td><td colspan="2">한국종합사회복지관 부장</td></tr>
</table>

○ 사회복지현장실습에 관한 기준 (「사회복지사업법 시행규칙」 제3조 관련 [별표1])

가. 실습기관 : 법 제2조제1호에 따른 사회복지사업과 관련된 법인·시설, 기관 및 단체로 한다.

나. 실습지도자 : 사회복지사 1급 자격증을 소지한 자로서 3년 이상 또는 사회복지사 2급 자격증을 소지한 자로서 5년 이상 사회복지사업의 실무경험이 있는 자가 실습을 지도하여야 한다.

다. 실습시간 : 현장실습시간은 120시간 이상으로 한다.

※ 위의 법적 기준은 모두 충족해야 하며, 미충족시 자격증 취득이 불가능 합니다.

실습생소개서				
성　명	홍 길 동	성　별	남 □ 여 □	
소속대학	열린사이버대학교	학　번	20130000111	

1. 이수 전공과목

교과목명	이수 완료	현재 이수	교과목명	이수 완료	현재 이수	교과목명	이수 완료	현재 이수
사회복지개론	○		인간행동과 사회환경	○		사회복지실천론	○	
사회복지실천기술론	○		지역사회복지론	○		사회복지정책론	○	
사회복지행정론			사회복지법제론			사회복지조사론	○	
사회복지자료분석론			프로그램개발과평가	○		가족복지론		
아동복지론		○	청소년복지론			노인복지론		○
여성복지론			장애인복지론	○		정신건강론		
정신보건사회복지론			의료사회복지론			학교사회복지론		
산업복지론			자원봉사론			사회문제론		
사회복지발달사	○		사회보장론	○		교정복지론		
사회복지윤리와철학			사회복지지도감독론			사회복지현장실습		○

2. 사회복지를 전공하게 된 동기

처음에는 사회복지보다는 유아교육을 공부하고 싶었습니다. 하지만 저출산 시대인 요즘에 유아교육을 공부하는 것 보다 사회복지를 공부하여 그 안에서 아동을 대상으로 사회복지를 하는 것이 바람직하다는 생각이 들었습니다.

그렇게 생각하는 가운데 사회복지를 배우는 초반부터 사회복지라는 학문의 매력을 느끼게 되었습니다. 사회복지라 하면 엄청 폭이 넓은 것 같지만 그 안에서 궁극적으로 이루고자 하는 것은 모든 사람들의 행복한 삶, 즉 '삶의 질을 향상시키는 것'에 초점을 맞추는 학문이 마음에 와 닿았습니다. 그러기 위하여 프로그램을 개발하고 기획하여 클라이언트가 변화되는 모습을 통해 나 또한 성장하며 보람을 느끼는 사회복지라는 학문과 직업은 저의 천직이라는 생각이 들었기에 편입을 해서도 사회복지를 전공하게 되었습니다.

3. 실습 기관 선택 이유

이전 실습을 통해 다양한 경험을 해 보았고, 그 가운데 종합사회복지관에서의 실습도 경험하였습니다.

이전의 종합사회복지관에서의 실습은 라운딩 실습으로 복지관의 모든 부서의 업무를 전반적으로 배우며 교육위주의 실습을 하였습니다. 다시 한 번 주어진 실습의 기회를 통해 종합사회복지관의 한 부서에 집중하여 교육을 바탕으로 실천에 임하는 심화과정의 실습을 함으로써 전문적인 경험과 지식을 쌓아 사회복지사로서의 실천기술을 익히고 사업의 전반적인 틀과 체계를 배우고자 종합사회복지관에서 실습하기를 선택하였습니다.
특히 본 복지관의 지역복지팀에 지원하게 된 이유는 다양한 실습과 봉사활동을 통해 지역사회 변화의 중심에 있는 복지관의 중요성을 깨달았기 때문입니다. 학생회의 경험을 통해 참여와 네트워크 형성은 발전하고 변화하는데 중요한 요소임을 몸소 느꼈습니다. 이를 지역사회에서 지역복지를 실천함으로 느끼고 배울 수 있었으면 하는 바람으로 지원하게 됐습니다. 지역적인 이해를 바탕으로 지역복지의 업무를 수행하는 실습을 하고 싶습니다.

4. 실습을 통해서 성취하고자 하는 목표
실습을 통하여 성취하고자 하는 목적는 사회복지사로서 준비하고 배우는 과정에서 다방면에서 유능한 사회복지사로 성장하고 발전할 수 있도록 배우고 경험하는 것입니다.
이를 위한 장·단기 목표는 다음과 같습니다.
1) 장기목표
(1) 지역복지 실습을 통해 경험한 것을 토대로 사회복지 분야 가운데 나의 적성에 맞는 분야를 확정하고 이에 맞는 취업 준비를 한다.
(2) 실습에서 배우고 경험한 것을 바탕으로 능력을 향상시켜 유능한 사회복지사로 기관에 취업을 한다.
2) 단기목표
(1) 실습과정을 통해 예비사회복지사로서 실천기술을 익힌다.
① 클라이언트를 이해하며 상담하기 위한 상담기술을 익힌다.
• 사례관리 과목을 재학습한다.
• 인테이크지 작성법을 숙지한다.
• 가계도, 생태도 작성법 및 활용기술을 익힌다.
② 프로그램을 기획하는 프로포절을 실현가능하게 작성하는 능력을 기른다.
• 공동모금회 당선 프로포절 5개를 정독한다.
• 프로포절을 정독하면서 프로포절 작성법을 익힌다.
• 과제로 작성했던 나의 프로포절과 당선 프로포절을 비교하며 나의 프로포절에서 부족한 부분을 알아낸다.
③ 기안작성, 회계실무 등 행정체계를 이해하고 이를 위한 문서
• 작업 능력을 배운다.
• 각 부서별 행정업무에 무엇이 있는지 파악한다.
• 기안작성법 및 문서작업법을 익힌다.
• 복잡한 회계를 이해를 위해 프로포절의 예산책정 부분을 보고 현실적인 예산 파악 능력을 기른다.
(2) 예비사회를 경험하며 그 안에서 이루어지는 인간관계를 유지하고 향상시킨다.
① 기관 사회복지사 및 관계자 분들과 원만한 관계를 유지한다.
• 항상 밝은 모습으로 인사하며 성실한 태도로 실습에 임한다.
• 모르는 부분이 있으면 많이 여쭤보고 많이 배운다.

② 실습 동기간의 유대를 형성한다.
- 오프라인뿐만 아니라 온라인에서도 많은 교류를 한다.
- 실습기간동안에 서로 협력하여 주어진 과제를 수행한다.

5. 개인의 특성과 자질
 1) 사회복지 지식 및 기술의 측면
 사회복지 지식 및 기술의 측면에서 강점으로는 사회복지사가 되기 위한 필수 과목을 우수한 성적으로 이수한 상태이기에 전반적인 지식을 알고 있습니다. 또한 이전에 어린이재단에서의 실습을 통하여 클라이언트를 만나서 라포를 형성하고 상담을 하는 기술을 배운 것을 통해 본 실습지에서도 클라이언트를 만남에 있어서 두려움 보다는 차분함으로 다가갈 수 있습니다. 약점으로는 사회복지 전반 과목을 이수하기는 했지만 심도 있게 공부하기 보다는 짧은 시간 내에 모든 과목을 이수하기 위하여 심화 과정에서의 지식이 부족할 것으로 예상되나, 편입 후 부족한 과목을 채워가고 있습니다.
 2) 개인적인 특성 측면
 개인적인 특성으로 강점은 성격상 사회복지는 천직이라고 자신합니다. 활발하고 잘 웃으며 친절한 성격은 새로운 클라이언트를 만나는 상황에서 당황하기 보다는 여유 있게 다가갈 수 있을 것이라고 생각합니다. 또한 ESFJ의 성격 유형으로 외향적이며 현실적이고 감수성이 풍부하여 현장에서 클라이언트를 대하는 것과 함께 클라이언트를 이해하는 것은 물론, 사회복지의 기본인 기록을 하는 데에 있어서 꼼꼼한 성격이 많은 도움이 될 것입니다. 반면에 약점으로는 우유부단한 면이 있어서 결정을 하는데 약간의 고민을 하지만, 그로 인해 더욱 신중히 고민하고 결단하여 좋은 결과를 가져오기도 합니다.

6. 실습기관, 실습지도자 및 실습지도교수에게 바라는 점
 실습기관과 실습지도자 선생님 입장에서 생각을 해보면 실습생이 오는 것이 좋은 점만 있을 것 같지는 않다는 생각이 들었습니다. 실습생이 여러 가지 보조업무를 돕기는 하지만 그것보다 가르쳐야 하는 것이 더욱 크기에 많이 힘드실 것으로 생각되지만, 이 실습을 통하여 한 대학생이 바르고 선한 사회복지사가 되기 위한 발판을 세울 수 있도록 사회복지의 전반적인 업무와 함께 실천현장에서 느꼈던 경험과 기술을 가르쳐주시길 부탁드립니다. 완벽한 실습생이 되고 싶지만 부족한 점도 있기에 이번 실습을 통하여 더욱 많이 경험하고 배워서 사회복지를 머리로만 이해하는 것이 아닌 실천으로 이해할 수 있도록 도와주셨으면 좋겠습니다.
 실습은 지식을 배우고 경험하는 중요한 역할을 함과 동시에 예비 사회에 대한 경험이라고 생각합니다. 곧 취업을 앞둔 4학년 학생으로서 예비 사회를 경험하면서 취업의 현실과 상황에 대해서도 많이 알아가고 배울 수 있었으면 좋겠습니다.
 이와 더불어서 기관 내에서 실습지도자 선생님과의 실습생의 관계로 끝나는 것이 아니라 이후에도 서로에게 도움이 될 수 있는 관계로 발전하고 싶습니다. 지금은 비록 저의 도움이 미약하겠으나 이번 실습을 통하여 기관에 역량을 펼칠 수 있는 예비 사회복지사가 되고 싶습니다.
 잘 하고 있을 때에는 많은 칭찬과 격려 부탁드리며, 부족한 부분은 충고해주셔서 변화하는 모습 보여드릴 수 있도록 도와주시길 부탁드립니다.
 실습지도교수님께 부탁드리고 싶은 것은 실습 전 준비과정과 실습과정, 실습 후 평가과정까지 부족한 부분에 있어서 더욱 채워지고 변화되어 성장할 수 있도록 도와주시기를 부탁드립니다.

제6장

사회복지현장실습 진행절차

[1단계] 실습교재/안내서 숙지 및 강의수강

❶ 실습생은 실습 시작 전 실습안내서와 강의 내용을 반드시 숙지한다. 강의를 수강하지 않으면 실습 처리됨으로 강의를 모두 수강해야 한다.
❷ 강의수강은 개강 후에 가능하기 때문에, 방학 중 재학생 실습생은 개강 후에 강의수강과 과제 제출을 한다.
❸ 방학중 실습(재학생만 해당)/학기중 실습시, 수강신청기간에 사회복지현장실습 과목 미수강신청시 실습 무효처리 된다.

[2단계] 실습지 선정 및 제출서류

❶ 학생은 자신의 욕구와 개인사정에 따라 실습기관의 유형을 고려하여 해당 기관에서의 실습가능 여부와 일정을 방문 문의하고, 실습일정을 협의(실습기관 및 지도자 자격요건을 반드시 확인).
❷ 실습조교에게 아래의 2가지 서류를 실습개시 7일전까지 사이버강의실–실습신청게시판에 작성한다(단, 학기초 3월, 9월 첫주까지는 작성 후 다음날 실습도 인정).
1. [사회복지현장실습 신청서]
2. [실습생 소개서]
❸ 서류 미제출시 실습 개시불가 및 실습 무효처리함

[3단계] 학교에서 실습기관에 실습의뢰 공문발송

❶ 학교에서 사회복지현장실습신청서를 검토한 후 실습가능으로 승인되면 해당 실습기관에 실습의뢰.

❷ 사이버강의실 [실습선청서]의 맨 하단의 댓글에 “실습승인”이 표시되면 학생은 실습을 시작할 수 있다.

❸ “발송완료”가 표시되면, 실습의뢰공문 및 실습생소개서가 발송 됨. 이 과정을 통해 실습생의 실습이 공식적으로 확정

1. [실습의뢰공문]
2. [실습생 소개서]

[4단계] 실습진행

❶ 실습신청게시판에 “실습승인” 또는 “발송완료”로 확인되면 실습기관의 유의사항 및 준비물을 확인하고 실습일정에 따라 실습을 진행한다.

❷ 실습을 진행하면서 실습과제를 작성한다.

[5단계] 실습과제 제출(학생▶학교)

❶ 실습이 종료된 학생은 별도 공지하는 실습과제 제출 마감기한을 엄수하여 아래 보고서를 [사이버강의실]－[시험/과제]－[리포트]란에 등록하고 누락된 자료나 오류가 없는지 확인한다.

1. [기관분석보고서]
2. [실습일지 15회]
3. [실습중간평가서]
4. [실습종결평가서]

❷ 실습기관에서 제시하는 양식이 있을 경우 그에 따르며, 없을 경우에는 학교에서 제시한 견본양식을 참조 작성한다.

❸ 실습일지에 지도교사가 수기로 작성한 수퍼비전은 실습생이 워드로 재작성하여 제출한다. 일지는 워드문서 또는 스캔하여 제출한다.

[6단계] 우편제출 서류(기관▶학교)

❶ 실습일정을 마치고 실습이 종결되면 실습기관에서 학교로 다음의 서류를 실습종결 후 즉시 등기우편 또는 택배로 제출하여야 한다.

1. [실습평가서(교육기관 발송용) 원본 1부] – 실습수퍼바이저 작성
2. [사회복지현장실습 확인서 원본 1부] – 실습수퍼바이저 작성

❷ 실습확인서의 원본은 지도교수 도장을 찍은 후, 다시 실습신청서에 작성한 주소로 학생에게 재발송함

❸ 실습평가서, 확인서 양식은 실습생이 출력하여 기관에 제출하고, 실습종결 후 작성하여 기관에서 학교로 우편발송 하도록 요청함

[7단계] 실습평가

❶ 학기가 종강이 되면 기관의 실습평가와 제출한 실습과제 및 강의출석, 중간/기말고사, 퀴즈 점수를 합산하여 실습평가가 실시된다.

❷ 실습평가내용 : 100만점

㉠ 중간고사 : 10점

㉡ 기말고사 : 10점

㉢ 퀴즈 : 5점(2회실시)

㉣ 과제 : 15점(실습일지, 기관분석보고서, 실습중간평가서, 실습종결평가서)

㉤ 실습기관평가 : 50점(실습평가서)

㉥ 출석 : 10점(온라인 수업 : 4회 이상 결석 시 F학점)

[기타사항]

1. 현장방문지도 일정 수립

❶ 실습기관 및 지도교수와 상의하여 현장방문지도 등 실습지도방법과 일정을 수립한다.

❷ 실습기관 방문지도를 원하는 일정에 희망하는 실습생은 교수님께 질문란이나 전화를 통해 지도교수에게 사전방문신청을 하며, 사전 신청자를 중심으로 현장방문일정을 수립한 후 실습생에게 기관방문 일정협의를 문자나 전화로 알려준다.

❸ 지역별 방문지도교수(겸임교수)에게 지역별로 방문협의

㉠ 서울, 경기, 강원지역

㉡ 충청도지역

㉢ 부산, 경상도지역

㉣ 전라도지역

2. 실습 오리엔테이션 및 세미나

❶ 실습 오리엔테이션은 오프라인으로 진행되고, 실습오리엔테이션 일정은 따로 공지가 되며 참석하여 실습에 대한 전반적인 절차, 설명, 리포트작성/제출에 대한 내용을 숙지한다.

❷ 실습오리엔테이션

㉠ 일 정 : 매학기 초 3월, 9월 중순경

㉡ 장 소 : 서울지역, 부산지역, 광주지역, 대전지역 4곳 진행

㉢ 실습생들은 지역별로 참석 가능한 지역에 참석

㉣ 실습오티는 의무참석은 아니지만 참석하도록 권장함

제7장

실습내용

제1절 실습기간 동안 습득해야 할 전문 기술

1. 습득해야 할 전문 기술 내용

실습기간 동안 습득해야 할 각 과정별 실습의 최소 수행내용은 [표 7-1]과 같다. 오리엔테이션과 행정업무를 필수 공동기본으로 하고 있으며 실습생의 욕구와 실습교육기관의 특성에 따라 사례관리, 집단지도, 지역복지 및 정책개발의 3개 영역 중 최소 1개 영역을 선택하여 실습하도록 하고 있다. 그 외 더 필요한 부분에 대해서는 자유선택으로 정리해 놓았다.

표 7-1 실습기간 동안 습득해야할 전문 기술

□ 필수공통 : 모든 실습교육에 필수적으로 구성		
구분	실습내용	과제물
필수공통내용	1. 오리엔테이션 1) 기관소개 및 지역소개 2) 대상집단의 이해 3) 실습생의 자세와 역할 4) 실습일정과 과제 안내	각 내용에 따른 보고서 및 일지작성 제출
	2. 행정업무 1) 훈련목적 하의 각종 기안서(공문, 품의, 지출결의 등) 작성 및 결재과정 참여 2) 기관운영과 관련된 규정검토 3) 예·결산서 작성 연습	실습내용에 대한 실습생의 의견서 및 관련서식 작성 제출

□ 필수선택 : 3개 내용 중 최소 1개 내용을 선택하여 구성		
구분	실습내용	과제물
필수선택내용	3. 사례관리 1) 사례접수(intake) 2) 사례회의 3) 자원연결 4) 개입 5) 사후관리	각 내용 중 실습내용에 해당되는 자료와 기록을 작성 제출
	4. 집단지도 1) 소집단지도(집단 역동성 중심의 프로그램) 2) 대집단프로그램(프로그램 개발과 운영, 캠프, 자원봉사 관리 등)	집단 프로그램 계획서와 집단지도 및 활동기록을 작성 제출
	5. 지역복지 및 정책개발 1) 지역사회조직(지역자원개발, 주민조직화, 주민교육, 복지 네트워크 구축 등) 2) 정책개발 및 평가 3) 사회행동, 홍보, 옹호 등	과정 기록, 계획서 및 평가서 등을 작성 제출

□ 자유선택내용 : 기관여건에 따라 필요한 부분을 선택하여 구성		
구분	실습내용	과제물
자유선택내용	6. 개별상담	사례에 대한 전체과정 기록 3회 이상 작성 제출
	7. 가족상담 및 치료	3대 이상 가계도, 전체 과정 기록 1회 이상 작성 제출
	8. 프로포절 작성	해당 단체 양식에 부합하여 1개 이상 작성 제출
	9. 사회조사	설문지 작성, 조사 참여, 코딩과 분석과정 전체 참여 및 보고서 작성 제출
	10. 타기관방문	실습목적에 맞춰 2개 이하 기관 방문 및 보고서 작성 제출
	11. 지역탐방	지역의 특성과 자원에 대한 사정 및 분석 보고서 작성 제출

전문적인 기술을 갖춘 사명감을 가진 사회복지사를 양성하기 위해서는 실습내용에 반드시 전문직 교육, 행정적 측면, 정책적 측면, 대인관계기술 등의 핵심적인 내용이 포함되어야 한다.

2. 실습을 통해 배워야할 핵심적인 내용

실습을 통해 배워야 할 내용들을 좀 더 요약하여 정리하면 [그림 7-1]과 같다. 실습내용들은 전문직의 사명감을 갖춘 사회복지사를 양성하는 내용으로 구성되어야 한다. 사회복지 전문직을 수행하기 위해서는 실습기간 중 전문직 교육, 행정적 측면, 정책적 측면, 대인관계기술 등의 4가지 영역에서 전문 기술을 습득해야 한다.

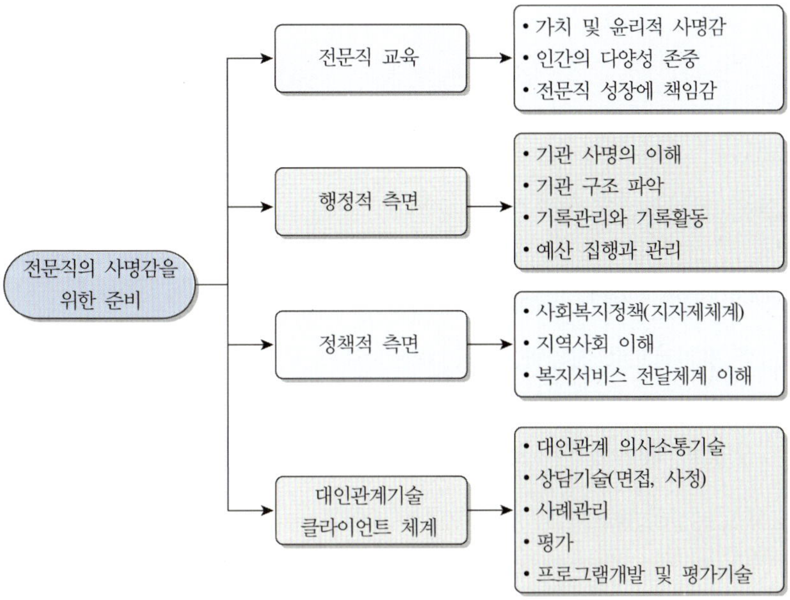

그림 7-1 실습을 통해 배워야할 핵심적인 내용

실습내용을 통해 실습생들은 전문직의 사명감과 전문직 정체성을 형성하게 된다. 그러나 현재 실습기관에서 실시되고 실습내용들은 분석해 보면, 행정적 측면에서는 기록 관리와 기록 활동 영역만 시행되고 있으며, 주로 대인관계기술에서 사례관리와 프로그램개발 및 평가기술만 지도받고 있는 것으로 나타났다.

전문적인 기술을 갖춘 사명감을 가진 사회복지사를 양성하기 위해 실습내용을 모두 포함하지는 않더라도 핵심적인 4가지 측면 만큼은 실습지도 내용으로 포함되어야 한다.

제2절 수퍼비전 내용

1. 수퍼비전 원칙

1) 실습기관, 교육기관의 모든 수퍼비전은 정기적, 규칙적이며 구조적으로 실습지도자나 실습지도교수가 직접 지도해야 한다.
2) 실습과정 중에 수퍼비전의 내용이 반영되어야 한다.

2. 실습기관의 수퍼비전

1) 실습기관 및 실습내용에 대한 전반적인 오리엔테이션 실시

(1) 실습기관 소개
(2) 실습의 의미, 의의 및 목표 수립
(3) 실습생의 자세 및 태도
(4) 케이스 레코딩 작성 요령
(5) 실습일지를 포함한 각종 보고서 작성 요령

2) 실습내용에 대한 직접적인 수퍼비전 실시

(1) 실습일지를 정기적으로 점검하고 피드백을 준다.
(2) 실습에서 케이스 레코딩에 대한 수퍼비전을 준다.
(3) 그 외의 사항에 대해 정기적인 수퍼비전 시간을 갖는다.

3) 실습지도 시간

(1) 학기 중 실습 : 주당 1회, 1회당 60분 이상(개별, 집단지도 포함) 지도
(2) 방학 중 실습 : 주당 최소 3회 이상, 1회당 60분 이상(개별, 집단지도 포함) 지도
(3) 실습지도 인원 : 실습지도자 1인당 최대 5명까지 실습생 지도

3. 교육기관의 수퍼비전

1) 실습지도교수는 아래의 목적을 위해 실습기관 방문, 전화, 온라인의 방법으로 실습기관과 긴밀한 관계유지 필요

(1) 실습지도자와 실습생별 실습목표를 협의한다.
(2) 실습생의 실습목표 성취정도와 실습상황을 검토한다.
(3) 실습관련 문제발생을 예방하거나 문제 상황을 중재한다.

2) 수퍼비전 형식

(1) 실습지도교수는 실습교육을 위한 강의, 토의, 수퍼비전, 기관방문 등을 통해 실습지도 진행한다.
(2) 실습 교육시 실습조교를 배치하여 실습기관 및 실습학생에 대한 연락, 실습상황 검토, 실습보고서와 평가서 정리 등의 업무 처리 필요하다.

3) 실습 세미나 : 실습수업

(1) 실습보고서를 통한 실습지도

① 실습보고서 제출 : 실습생은 실습일지, 케이스레코딩, 집단지도보고서 등 각종 보고서를 작성하여 실습기관 실습지도자의 확인을 받은 후 실습지도교수에게 제출해야 한다.

② 실습보고서 검토 후 실습지도 : 실습지도교수는 실습생과 면담(개별 또는 집단면담)하여 문제점과 개선점을 토의하고 필요한 경우 실습기관 실습지도자와 협의하여 문제점을 해결해야 한다.

③ 참고문헌 활용 : 실습지도교수는 실습내용과 관련된 참고문헌을 소개하여 활용토록 지원한다.

(2) 실습생의 실습보고 세미나

① 실습생의 실습과정에 관한 강점 및 개선점 토의

② 사회복지실천의 방법 및 기술을 개인·가족·소집단에 적용하는 과정에 대해 토의

③ 사회복지실천과정이 다양한 클라이언트체계에 미치는 영향 토의

④ 사회복지조직으로서 실습기관에 대한 기능과 역할 이해

⑤ 사회복지정책, 사회복지법규 및 제도를 사회복지 대상자와 연계하여 토의

⑥ 사회복지실천현장에서 직면하는 윤리적 딜레마에 대해 토의

⑦ 사회복지사로서의 전문적 자아의식에 대해 토의

4) 실습지도 시간

(1) 학기 중 실습 : 주 1회 3시간 제공

(2) 방학 중 실습 : 한 학기(15주)를 기준으로 45시간 제공

제3편

실습보고서 작성법

제8장 실습일지보고서

제9장 실습기관 분석 보고서

제10장 실습 평가서

제11장 프로그램 개발과 평가

제12장 사회복지사 자격증

제8장

실습일지보고서

제1절 사회복지 실습일지 기록의 개요 및 양식

1. 실습일지의 의의와 목적

실습일지란 실습생이 수행했던 업무 내용을 시간적 순차에 따라 세부적으로 기록하는 것이다. 실습일지의 기본내용은 실습목표, 진행내용, 실습생의견, 실습지도자의견 등으로 구성되었다.

실습일지 기록의 목적은 실습생의 하루일과 업무를 일련의 과정에 따라 기록함으로써 실습지도자와 실습지도교수가 실습생에게 피드백을 제공하고, 실습생은 자신의 수행 업무를 체계적으로 검토하는데 그 목적이 있다. 실습생은 각 활동내용뿐 아니라, 활동에 대한 의견을 제시하고, 실습일 전체일정 및 자신의 수행에 대한 평가와 제언을 제시한다. 실습일지는 공식적인 실습지도 시간 전에 반드시 실습지도자에게 제출하며, 실습지도자는 실습지도자 의견란에 그 다음날 아침에 실습일지 내용에 대한 피드백을 제공해야 한다.

2. 실습일지 기록의 기본원칙

실습일지 기록은 사람의 오감을 모두 활용하여 기술하여 하여야 한다. 눈으로는 세밀하게 보고, 귀는 충실히 듣고, 머리는 반복하여 생각하고, 입은 질문을 자주하고, 발은 움직이며, 손은 메모하면서 생각하며 쓰기를 하여야 한다.

1) 실습 업무가 진행된 그대로 사실을 기록한다.

실습에서 진행된 사실 그대로 내용을 쉽게 간단 명료하게 기술해야 한다. 진행된 업무를 과장, 허위로 기록해서는 안되며 반대로 누락해서도 안된다.

실습을 하다보면 단순 업무를 반복적으로 진행하는 경우에는 일지에 기록할 내용이 거의 없다. 이런 경우 자칫하면 업무를 과장하거나 허위로 기재할 수 있다. 단순한 청소나 단순 돌봄 형태라도 있는 그대로 기술해야 한다.

표 8-1 실습일지 양식

<table>
<tr><th>실습일지</th></tr>
<tr><td>1. 실 습 생 명 :
2. 실　습　일 :
3. 오늘의 목표 :
4. 진행내용(시간, 내용 등을 중심으로 기록)</td></tr>
<tr><td></td></tr>
<tr><td>5. 실습생 의견(배운 점, 의문사항, 건의 등 포함)</td></tr>
<tr><td></td></tr>
<tr><td>6. 실습지도자 의견</td></tr>
<tr><td></td></tr>
</table>

또한 기록에 자신이 없는 실습생은 기록을 단순하게 기록하는 경우가 종종 있다. 이런 경우는 실습을 아무리 잘해도 매우 불성실해 보이므로 의미가 충분히 전달될 수 있도록 기록해야 한다.

2) 구체적·객관적·논리적·긍정적으로 기록한다.

실습일지 기록은 구체적, 객관적, 논리적, 긍정적으로 기록해야 하며 주관적, 감성적, 부정적으로 기술해서는 안된다. 실습생 의견에 보면, 많은 실습생이 주관적이고 감성적인 내용으로 기술하는 경우를 흔히 본다.

(1) 감성적 : 거동이 힘든 할머니를 보니 왠지 불쌍한 느낌이 들었다.
(2) 주관적 : 앞으로 더욱 열심히 실습을 해야겠다.
(3) 부정적 : 이러한 문제들은 전혀 해결할 수 가 없을 것 같다.

3) 정확한 용어를 사용해야한다.

실습일지 기록은 전문용어를 사용해야 하며, 숫자, 단어의 사용은 정확하게 기록해야 한다.

(1) 전문용어

① 어려운 자 → 수급자

② 대상자 → 클라이언트

③ 장애자 → 장애인(우)

④ 정상인 → 비장애인

⑤ 자원봉사 → 실습

(2) 각종 기관의 고유명칭을 약어보다는 정식 명칭으로 사용한다.

① 복지관 → ㅇㅇ종합사회복지관, ㅇㅇ장애인종합사회복지관.

② 한사협 → 한국사회복지관협회

(3) 정확한 단어 사용

① 볼 일 → 배변

② 어렵고 힘든 상황 → 위기상황

4) 용어는 문어체와 과거형으로 기술해야 하며, 오자나 탈자가 없도록 해야 한다.

실습일지에 쓰는 용어는 존어체 보다는 문어체로 기술하는 것이 좋다. 또한 최근에는 모든 문서가 컴퓨터를 사용하기 때문에 오자나 탈자가 없도록 유의해야 한다.

(1) 문어체와 과거형 : 금일은 실습지도자와 함께 타 기관을 방문하였다.

(2) 존어체 : 금일은 실습지도자님과 함께 타 기관을 방문하였습니다.

(3) 현재형 : 금일은 실습지도자와 함께 타 기관을 방문하다.

5) 매일 반복되는 단순 업무는 관찰 내용을 기록 한다.

실습을 하다보면 노인 케어, 아동학습지도, 청소 등 반복되는 단순 업무가 빈번한 경우에는 기록하는데 난감한 경우가 많이 있다. 이럴 경우에는 관찰 내용을 기록하는 것이 좋다.

노인의 경우에는 식사량의 변화, 언어 사용량, 심리적 변화 등은 대단히 민감한 변화들이다. 단순 케어한다고 대충 수발하지 말고 이러한 세심한 변화를 체크하고 기록하는 것도 매우 중요한 내용이다.

6) 강의 내용은 요약·정리해서 기록한다.

실습 중에 외부강의나 자체 강의를 듣는 경우에도 강의내용을 기록해야 한다. 이럴 경우 모든 강의 내용을 적을 필요는 없으며 실습일지에는 핵심적인 내용만 요약하여 기록하고, 적용할 수 있는 시사점을 기록해야 한다.

7) 실습생 의견란을 충실히 기록해야 한다.

실습일지 기록 중에 실습생이 가장 힘들어 하는 기록 내용이 실습생 의견란이다. 실습내용은 실습업무를 일정에 따라 기록하면 되지만 실습생 의견란 고민을 해야 기록할 수 있다.

실습생 의견의 기록을 보면 흔히 감성적으로 기술하기 쉽고 실습하면서 직면하게 되는 불만 상황을 직설적으로 표출하는 경우가 종종 있다. 불만이나 문제점은 무조건적인 비판보다는 발전적인 내용으로 기록하고, 요구사항은 정중히 요청해야 한다.

> **불만과 문제점 기술**
> 실습 내용에 대해 배우는 점은 하나도 없고 매일 청소만 하고 실습지도도 제대로 받지 못했다. → 실습내용을 충분히 습득할 수 있도록 실습지도자의 더 많은 실습 지도를 부탁드립니다.

제2절 실습일지 기록의 실제 사례

1. 실습일지 기록 사례 1

실습일지 기록 사례1에서 대체적으로 무난하게 기록된 일지이다. 우리가 흔히 일지는 기록은 많아야 잘 쓴 일지라고 착각하기 쉽다. 내용이 너무 많으면 보기는 좋으나 핵심을 간과할 수 있다. 일지는 핵심적인 내용만 포함되었다면 간략하게 기록하는 것이 좋다.

몇가지 수정내용을 살펴보면,

존칭사용 "김○진 팀장님"에서 "김○진 팀장"으로 기술해야 한다. 결재 시 부장, 관장이 있기 때문에 상사에게 예의가 어긋난다.

실습생의견에서 "실습에 대한 많은 기대와 함께 정말 잘 해내고 싶다는 다짐으로 첫 출근을 했다. ~ 중간생략 ~ 느꼈다."에서 '다짐', '느꼈다' 이러한 용어는 일기에서 사용하는 용어이지 공식적인 일지에서는 사용하지 않도록 해야 한다.

표 8-2 실습일지 작성 사례 1

실습내용

1. 실습생명 : 허 ○ 비
2. 실 습 일 : 2011년 7월 4일 월요일
3. 오늘의 목표 :
   1) 실습 오리엔테이션을 통해 기관을 이해한다.
   2) 실습 기관 사회복지사 선생님과 실습 동기들 간의 유대를 형성한다.
4. 진행내용(시간, 내용 등을 중심으로 요약하여 기록)

시간	내용	담당
13:00~14:00	* 실습 오리엔테이션 수퍼바이저와 실습생들의 자기소개로 실습 오리엔테이션을 시작했다. 기관에서 준비한 실습지침서로 실습 일정, 내용, 유의사항 등에 대한 소개 및 설명을 들었다. 그리고 실습계약서를 작성함으로써 공식적으로 실습을 시작하였다.	김 ○ 진 팀장님
14:00~15:30	* 기관 소개 및 기관 라운딩, 가족복지팀 교육 기관의 법인, 설립목적, 시설현황, 조직현황, 연혁, 지역현황에 대해 설명을 듣고 기관 라운딩을 통해 복지관을 이해하였다. 그리고 가족복지팀의 주요사업 소개 및 설명을 통해 어떤 사업이 진행되고 있는지 알 수 있었다.	김 ○ 진 팀장님
14:30~16:00	* 지역복지팀 교육 지역복지팀의 주요사업 소개 및 설명을 통해 진행되고 있는 사업을 알 수 있었다.	백 ○ 희 팀장님
16:00~17:00	* 재가복지팀, 총무기획팀 교육 재가복지팀과 총무기획팀의 주요사업 소개 및 설명을 통해 각 팀별 사업에 대해 이해할 수 있었다.	정 ○ 희 팀장님
17:00~18:00	* 팀별 모임 및 개별 면담 앞으로 우리가 실습할 지역복지팀 사무실에서 팀별 모임을 통해 팀원들끼리 유대를 형성하였다. 또한 개별 면담을 통해 수퍼바이저와의 관계를 형성하고, 실습목표를 확인 및 재설정하여 실습의 계획을 세웠다.	신 ○ 정 사회복지사

5. 실습생 의견 (배운 점, 의문사항, 건의, critical comment 등 포함)

실습에 대한 많은 기대와 함께 정말 잘 해내고 싶다는 다짐으로 첫 출근을 했다. 하지만 실습에 대한 전반적인 틀이 잡히지 않았었는데, 오리엔테이션을 통하여 실습 일정 및 내용에 대해 소개를 받으니 실습이 어떻게 진행되며, 그에 따른 나의 역할이 무엇인지 알 수 있었다.
지역복지팀에서 실습을 하는 것이기에 더욱더 지역소개와 지역현황에 관심을 갖게 되었다. 내가 거주하는 지역에 대한 이해도 많이 부족한데, 마포구에 대한 지식은 거의 전무한 상태라서 실제적인 실습에 들어가기에 앞서 오늘 교육받은 것을 토대로 다양한 방면에서 마포구를 이해할 필요성을 느꼈다. 실습을 할 때면 기관의 팀별 주요사업에 대해 교육을 받는데, 단순히 교육만 받고 끝내는 것이 아니라

지역 특성에 따라 어떤 기관에서 어떤 사업을 진행하고 있는지 알아보는 것이 지역복지 실습을 하는 데에 있어서 많은 도움이 될 것이라고 생각했다. 오늘은 첫 날이라서 실제적인 활동보다는 교육이 많은 하루였는데, 그 마무리를 개인 면담으로 끝냄으로써 실습에 앞서 중요한 깨달음을 얻을 수 있었다. 사회복지사로서 어떻게 성공을 할 수 있을까에 초점을 맞추는 것이 이전의 나의 생각이었다면, 그보다 앞서서 어떻게 실천할지, 그러기 위해서는 내가 어떤 마음가짐으로 행동을 할지를 먼저 고민하는 것이 우선순위라는 것을 수퍼비전 받으며 지금까지의 나의 사회복지 인생과 앞으로를 향한 계획 모두가 자극을 받을 수 있었다. 오늘 느끼고 깨달은 것을 이로 끝내는 것이 아니라 이를 실천으로 옮기는 실습이 될 수 있도록 발 빠르게 움직여야겠다.

6. 실습지도자 의견

정신없었던 실습 첫날이 지나갔군요! 적극적으로 실습에 임하는 선생님의 모습이 참 보기 좋습니다. 말씀하신대로 이번 실습을 통해서 사회복지사로서의 정체성과 가치를 세울 수 있길 바래요. 실습일지를 통해서 궁금했던 점, 더 알고 싶은 점을 질문하면 최대한 열심히 답변하도록 할게요. 실습일지를 우리의 소통의 도구, 성장의 도구로 잘 사용할 수 있길!! 화이팅!!!

2. 실습일지 기록 사례 2

실습일지 기록 사례2는 지역아동센터 실습일지이다. 본 실습일지는 교육내용을 기록한 것이다. 미술치료에 대한 기록은 요약하여 잘 정리하였다. 그러나 이 사례 역시 실습생 의견에서 상당히 감성적인 내용을 담고 있다.

1) 감성적 내용

"검사 결과를 듣고 너무 딱 맞아 깜짝 놀랐다. 아이들의 상담 시에도 미술치료가 유용하게 사용된다고 하니 미술치료를 배워보고 싶다고 욕구가 샘솟는다."

2) 수정내용

"검사 결과가 매우 정확하여 미술치료에 대한 신뢰감을 갖게 되었다. 아동들의 상담 시에도 미술치료가 유용하게 사용되고 있어 그 효과성에 미술치료를 받고 싶은 강한 의욕을 생겼다."

표 8-2 실습일지 기록사례 2

실습일지(11회차)

실습지도자	기관장

실습일	2010. 5. 28 (토5요일)		실습기관명	○○ 지역아동센터
실습생	김 ○ 근		소 속	○○ 사이버대학교
실습목표	미술치료의 기법에 대한 학습			
실습일정	10:00~1:00	청소		
	11:00~12:00	주제별 교육(이○주 사회복지사) : 미술치료		
	12:00~13:00	중식 및 뒷정리		
	13:00~14:30	독서지도 및 선택학습지도		
	14:30~15:30	석식 준비 및 장보기		
	15:30~18:00	정리, 정돈(책상, 바닥, 학습 용품 등)		
실습내용	주제별 교육(이○주 사회복지사) : 미술치료의 기법 1. 자유화법 : 제재나 방법을 내담자 스스로 결정하여 그리게 한다. 색체, 선, 공간, 내용 등을 분석할 수 있다. 2. 과제화법 : 인물, 가족, 친구, 집, 나무, 산 등의 과제를 미리 주고 내담자가 상상화를 그리게 한다. 이상행동에 대한 내면의 욕구와 그 욕구를 저지하는 압력을 잘 알 수 있다. 3. 협동화법 : 가족이나 내담자들이 소집단을 이루어 한 장의 종이에 협동해서 그림을 그리게 하는 방법이다. 집단치료에 유용하며 자발성의 정도, 경험의 표출, 협동성, 그리는 위치와 내용, 그림 순서, 주의력 등을 관찰하여 분석한다. 4. 집, 나무, 사람 검사(HTP) : 진단 도구로 많이 사용되며, 사전, 사후검사에도 유용하다. 4장의 종이에 집, 나무, 사람, 남과여를 그리게 한다. HTP는 저항이 적으며 동일환자의 그림을 배열했을 때 질병의 경과를 잘 파악 할 수 있다. 5. 학교 생활화 또는 친구화 : 학교생활화는 학교 친구와 선생님을 포함해서 그림을 그리게 하여 내담자의 학교생활을 분석한다. 그 외 가족화와 동적가족화, 그림완성법, 콜라주기법, 역할 교환법, 색채 선택법, 풍경구성법, 감정차트 만들기, 자기 집 평면도 그리기, 핑거페인팅 등이 있다.			
실습생 의견	미술치료의 기법에 대한 교육을 받고 실제로 어항에 물고기 가족 그림을 그려보았다. 검사 결과를 듣고 너무 딱 맞아 깜짝 놀랐다. 아이들의 상담 시에도 미술치료가 유용하게 사용 된다고 하니 미술치료를 배워보고 싶다고 욕구가 샘솟는다.			
Supervision	미술치료에 대한 교육이 김○근 선생님께 자극이 되고 동기부여가 되었다니 기쁘네요. 사회복지사는 끊임없이 공부하는 자세로 임해야 합니다. 현재의 배움에 대한 열망, 욕구 잘 유지하셔서 현장에서도 항상 배우는 전문 사회복지사가 되시길 바랍니다.			

3. 실습일지 기록 사례 3

사례3은 노인요양시설 실습일지 내용이다. 실습내용이 단순케어 위주로 진행되고 있다. 매일 매일 똑같이 반복되는 케어위주로 실습이 진행되고 있다. 이러한 경우에는 단순 케어내용보다는 관찰내용을 기록하는 것이 의미있는 일지 기록이다.

표 8-3 실습일지 기록 사례 3

실습일지(3회차)

실습지도자	기관장

실습일	2011. 01. 31 (월요일)	실습기관명	○○○ 복지재단
실습생	김 ○ 수	소 속	○○ 사이버대학교
실습목표	어르신들 개인위생관리 해드리기		
실습일정	09:00~10:00	와상 어르신 기저귀 교체보조	
	10:00~12:00	어르신들과 의사소통보조	
	12:00~13:00	어르신들 식사수발 및 양치보조	
	13:00~14:30	어르신들과 의사소통보조	
	14:30~15:30	생활관 청소 및 의복세탁	
	15:30~18:00	와상 어르신들 기저귀 교체보조	
실습내용	• 케어보조 - 어르신 기저귀 케어에 대해 이해하고 직접 실습해 보기 • 양치케어 - 어르신들의 치아 위생을 위하여 양치하는 실습 - 틀니 세척하기 • 간식 및 식사 보조 - 식사시간과 간식시간의 진행방법 터득하기 • 어르신들과 의사소통 - 어르신들의 옛날이야기 및 고민을 상담 • 기관 실내 청소		
실습생의견	어르신들의 각자의 개성이 다르고 고민하는 것 살아온 이야기도 다른 것을 알면서 한층 더 어르신들을 이해할 수 있었습니다.		
Supervision	어르신들이 힘든 것을 이야기 할 수 있도록 신뢰감을 형성하는 것이 중요합니다.		

제9장

실습기관 분석 보고서

제1절 기관분석보고서 작성

1. 기관분석보고서 목적

실습기관분석보고서는 실습생이 실습에 임하면서 가장 먼저 작성하는 보고서로 기관분석보고서를 작성함으로써 실습의 설립목적과 기관의 역사, 행정조직, 운영형태, 사업내용, 예산 등 전반적인 행정 및 전체적인 업무를 파악하는데 그 목적이 있다.

2. 기관분석보고서 작성법

기관분석보고서는 실습초기에 실습기관 업무를 파악하는데 유용한 작업이다. 그러므로 기관분석보고서 실습을 시작한 후 1주일 이내로 작성해서 보고하는 것이 바람직하다.

기관분석보고서는 [표 9-1]과 같이 제시된 양식에 따라 작성하면 된다. 기관분석보고서를 작성하기 위해서는 다양한 정보를 기관홍보지, 홈페이지, 실습지도자에게서 정보를 얻어 작성하면 큰 어려움 없이 작성할 수 있다. 다만, 실습기관에 따라 예산과 같은 민감한 항목은 실습지도자의 동의를 얻어 작성해야 한다.

기관의 설립동기 및 설립목적은 클라이언트에 대한 기관의 사명을 이해할 수 있을 뿐만 아니라 기관이 추구하는 사업도 알 수 있다. 기관의 주요사업 및 프로그램은 실습생이 주로 하는 실습내용에 관한 부분이므로 사업내용과 평가를 명확히 작성해야 한다. 기관의 행정영역 중 예산은 실습기관에 따라 민감하게 다루어지므로 실습지도자의 지도에 따라 작성해야 한다.

표 9-1 실습기관 분석 보고서 양식

실습기관 분석 보고서

실습생명		기관명	
기관주소	(전화 :)		
기관소개자	(부서 : 직책 :)		

1. 기관의 역사
   (1) 기관 설립동기 및 설립목적
   (2) 기관 사업의 역사적 변천
   (3) 기관 역사에 대한 실습생의 평가

2. 기관의 목적

3. 기관의 주요사업 및 프로그램
   (1) 클라이언트 및 대상 지역
   (2) 주요사업
   (3) 서비스 전달체계
   (4) 기관의 대상층 및 주요사업에 대한 실습생의 평가

4. 기관의 행정사항
   (1) 기관의 조직구조
   (2) 예산, 후원 및 지원 사항
   (3) 기관의 행정구조와 예산 사용 및 후원에 대한 실습생의 평가

5. 기관이 속한 지역사회, 물리적 환경의 특징
   (1) 지역사회
   (2) 물리적 환경(시설, 공간 등)

6. 사회복지기관으로서 지역 내 타 기관들과의 연계
   (1) 관계유형 및 내용
   (2) 기관의 타 기관과의 관계유지에 대한 실습생의 평가

7. 기관의 특별한 면이나 전반적인 사항에 대한 인상이나 느낌

제2절 기관분석보고서 작성의 실제

1. 기관분석보고서 작성 사례 1

기관분석보고서 작성 사례1 은 지역사회복지관 사례이다. 대부분의 거의 비슷한 조직과 구조를 가지고 있다. 본 사례는 지역사회복지관의 특성에 따라 지역의 특성을 세부적이고 명확하게 분석한 좋은 사례이다.

2. 기관분석분고서 작성 사례 2

기관분석보고서 작성 사례 2는 청소년문화센터에 대한 분석보고서이다. 본 사례는 항목별 실습생 평가를 잘 수행한 보고서이다.

표 9-2 실습기관분석 보고서 실제작성 예시 1

실습기관 분석 보고서

실습생명	○○○○	기관명	○○ 종합사회복지관
기관주소	서울시 ○○구 ○○로 215		
기관소개자	○○○팀장 (부서 : 가족복지팀/직책 : 팀장)		

1. 기관의 역사
   (1) 기관 설립동기 및 설립목적
   ○○ 종합사회복지관은 사회복지학 및 관련 학문과의 협동을 바탕으로 한 전문지식과 기술을 적용함으로써 지역사회 주민의 욕구와 지역사회 자원을 연계시켜 효과적이고 통합적인 서비스를 제공하고자 하며, 아울러 변화하는 사회욕구에 부응하는 프로그램의 개발 및 실시를 통하여 지역주민들의 삶의 질을 향상시키고자 노력하고 있다.

   (2) 기관 사업의 역사적 변천
   2010. 10　사회복지 자원봉사 우수관리센터 인증
   2009. 11　'강점관점 가족통합사례관리' 조직운영 최우수상 수상(서울복지재단)
   2008. 11　한부모여성가족센터 개소
   2007. 07　전문가족상담센터 개소
   2006. 12　○○어린이집 우수보육프로그램 서울시장상(서울시)
   2006. 10　서울시 사회복지관 평가 우수복지관 선정
   2006. 09　'한부모 프로그램' 서울복지재단 최우수 프로그램상 수상
   2005. 12　청소년동아리 'HUSH' 우수동아리상 수상(청소년문화벤처)
   2005. 02　○○어린이집 마포구청장상 우수어린이집 수상
   2004. 10　○○간병지원센터 개소

2004. 07 구립 방과후교실 개소
2004 서울시 사회복지관 평가 우수복지관 선정
2002. 09 전국 10개소 지역사회 발전센터 3년 시범사업 실시
2002. 07 전국 4개소 지정 청소년 정보화사업 최초 실시(3년 지원)
2000. 03 사회복지관 부설 ○○복지센터 개소

(3) 기관 역사에 대한 실습생의 평가

20년의 기관 역사를 살펴보면 지역과 지역주민의 다양한 욕구에 맞추어 기관의 사업이 변화하고 있음을 알 수 있었다. 개관 초기에는 지역주민들을 대상으로 가장 기본적인 의식주의 채워주는 need의 욕구를 위한 사업이 중심을 이룬 반면에, 점차 need의 욕구에서 발전되어 want의 욕구를 채우기 위한 사업을 실천하고 있음을 볼 수 있다.

이를 통해 우리나라의 사회복지사업의 발전방향과 함께 기관의 사업도 변화하고 있음을 알 수 있었으며 클라이언트의 욕구 또한 더욱 다양해졌음을 알 수 있었다.

2. 기관의 목적

◉ MISSION : 스스로, 더불어, 성장하는 지역사회 변화의 중심체
◉ VISION : 1) 스스로 주인 되어 참여하는 공동체
2) 더불어 소통하고 나누는 공동체
3) 꿈꾸고 배우며 성장하는 공동체
◉ 발전전략 : 전문화· 조직화· 통합화의 발전전략을 바탕으로 스스로, 더불어, 성장하는 지역사회 변화의 중심체로서의 역할을 담당하고자 한다.

3. 기관의 주요사업 및 프로그램

(1) 클라이언트 및 대상 지역

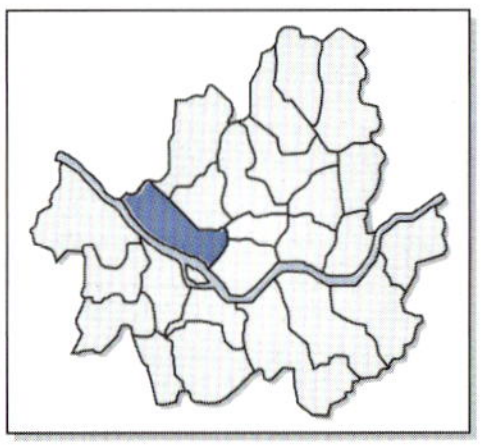

○○구는 동부와 서부로 분류하여 각각 종합사회복지관이 위치해 있다. ○○종합사회복지관은 ○○구의 서부 지역을 대상으로 하여 복지관이 위치한 ○○동을 중심으로 16동의 지역과 지역주민들이 사업의 대상 및 지역이다.

(2) 주요사업

○○종합사회복지관에서는 지역사회 주민의 욕구와 지역사회 자원을 연계시켜 효과적이고 통합적인 서비스를 제공하고자 하며, 아울러 변화하는 사회욕구에 부응하는 프로그램의 개발 및 실시를 통하여 지역주민들의 삶의 질을 향상시키고자 노력한다.

"스스로, 더불어, 성장하는 지역사회 변화의 중심체"

전문화
Specialization
기존 사업의 내실화, 체계화
- 지역 특성화 프로그램 개발 및 운영, 기존 사업의 내실화, 체계화
- 내부 슈퍼비전 강화 및 외부 슈퍼비전 체계의 상설화를 통한 전문성 향상
- 연구개발을 통한 실천모델 제시 및 매뉴얼 보급 등 현장 연구기관으로서의 선도적 역할 수행

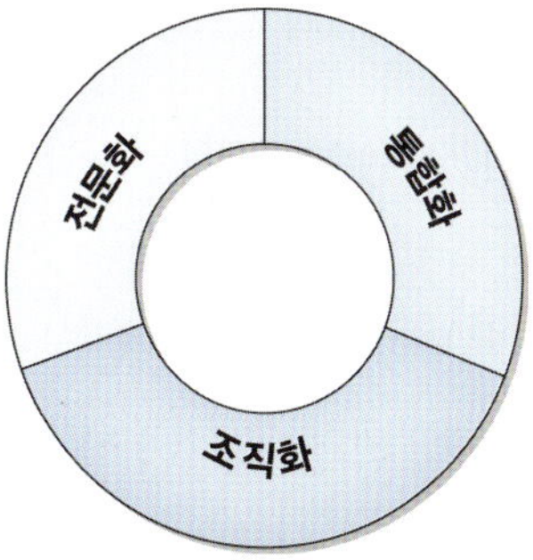

통합화
Integration
계층간 통합의 중추적 역할 수행
- 요보호·선별적 대상자에게 보편적 대상 자료의 서비스 확대
- 공동체 의식 형성을 위한 지역사회 나눔 문화확산
- 민·관 협력체계 주도를 통한 지역·계층간 통합의 중추적역할 수행

조직화
Organization
관련 단체와의 네트워크 강화
- 지역사회 주민 참여확대 및 자활도모
- 지역사회 내 복지기관 및 관련단체와의 네트워크 강화
- 주민자치기구의 자생적 문제해결 능력 강화 및 지역사회 임파워먼트 증진

◉ 가족복지팀

가족관계증진	전문상담센터(치료서비스, 상담서비스, 운영관리), 가족특별프로그램(예비초등교실, 가족의사소통 PG 등)
가정문제해결 및 치료	한부모여성가족센터(자조모임, 사례관리, 자원발굴, 네트워크), 전국 한 부모 여성 통합지원 및 인식제도 개선사업(사무국 개소, 컨소시엄 구축, 7개 지역별 통합지원, CI지원활동, 인식제도개선 행사 및 홍보활동)
가족기능보완	지역어린이통합지원사업(○○초, 인권감수성향상 PG, 네트워크), 지역청소년통합지원사업(학습멘토링, 동아리, 보호관찰 PG, 네트워크), 강점관점 가족통합사례관리, 교육공동체(초4~초6)

◉ 지역복지팀

지역사회조직	지역주민 지도자 발굴, 주민역량강화 교육, 주민동아리지원, 주민조직 지원(○○마을봉사단, 생태지기봉사단), 행복 나눔 운동, 지역복지네트워크구축
자활사업	사회적응프로그램(디딤돌 사업), 근로 유지형 자활사업, 노-노 케어 봉사단, 노인일자리 마련사업 '은빛도우미'
지역사회자원개발	자원봉사, 후원사업, 홍보, 아름다운 이웃 서울 디딤돌 사업
주민복지증진	지역사회욕구조사, 마을축제

◉ 재가복지팀

급식서비스	경로식당, 도시락지원, 밑반찬지원, 연식지원
정서서비스	노인여가선용프로그램, 경로잔치
일상생활지원서비스	이미용 서비스, 주거환경개선, 대청소
경제적 지원	현물, 현금 후원
사례관리	대상자 발견, 초기상담, 사정, 서비스 계약, 서비스 제공, 안부확인
희망플러스·꿈나래 사례관리지원사업	사업설명회, 저축관리, 금융교육, 부모교육, 가족나들이, 상담 등
만성질환통합지원 프로그램	건강강좌, 질환별 자조모임, 요리교실 등
보건의료서비스	간호처치, 건강상담, 방문간호, 건강증진실 운영, 진료 및 검진, 보건교육

◉ 총무기획팀

교육·문화	쥬니어스쿨(동화구연 등 특기교육 PG), 초등교실(국어, 영어, 수학, 사회, 과학 학습지도 등), 실버스쿨(글쓰기교실 등), 대학생 비전스쿨(사회복지 분야 현장 전문가 특강 및 탐방)
주민복지증진	시설대여, 무료법률상담, 통합복지정보지원
방과후교실	학습지원(숙제, 학습지도, 독서), 특기교육(영어, 과학, 체육, 동요), 특별프로그램(체험학습, 연례행사, 자기관리 PG, 보건안전교육 PG 등), 학부모참여프로그램(부모간담회, 명예교사프로그램, 부모교육)

(3) 서비스 전달체계

서비스 전달체계는 공급자와 클라이언트 및 소비자를 연결시키기 위한 체계적이고 조직적인 장치로 정의할 수 있다. 기관 내 행정체계는 ○○○ 관장을 중심으로 가족복지팀, 지역복지팀, 재가복지팀, 총부기획팀으로 나누어 팀제로 업무를 담당하고 있다.

(4) 기관의 대상층 및 주요사업에 대한 실습생의 평가

복지관을 중심으로 임대아파트가 위치해 있어 저소득계층이 밀집되어 있기 때문에 그들의 욕구를 충족시키는 서비스를 제공하기 위하여 노력해야 할 것이다. 또한 임대아파트와 함께 기관이 설립되어 임대아파트 주민을 중심으로 많은 사업이 운영되는 것으로 보였다. 하지만 기관의 대상이 광범위함으로 임대아파트 주민뿐만 아니라 그 이외의 대상자의 폭을 넓힐 수 있는 사업을 계획하고 운영할 필요가 있겠다는 생각이 들었다. 특히 저소득층과 노인을 대상으로 하는 사업이 활성화 되어 있는데, 이 또한 한부모 가정, 다문화 가정 등 다양한 가족의 형태와 주민들의 욕구를 채울 수 있는 사업의 필요성도 느꼈다.

4. 기관의 행정사항

(1) 기관의 조직구조

◉ 조직현황

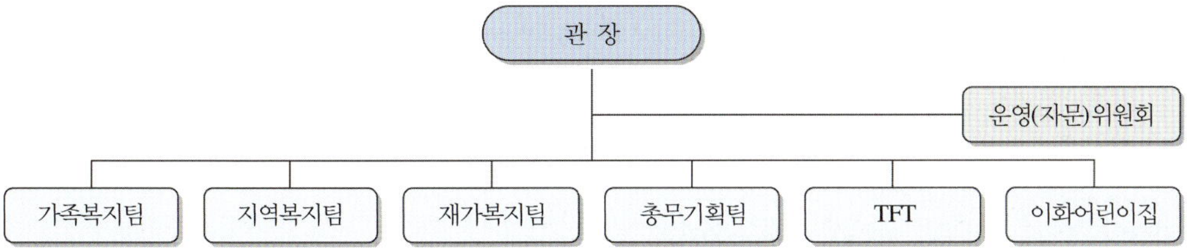

◉ 직원현황

구 분	계	ㅇㅇ종합사회복지관									ㅇㅇ어린이집				
		관장	팀장	사회복지사	방과후교사	사무원	간호사	영양사	취사노무	안전관리	원장	원감	보육교사	특수교사	취사
계	38	1	4	12	2	3	1	1	0	1	1	1	7	2	2

(2) 예산, 후원 및 지원사항

◉ 예산

기관의 예산은 정부보조금과 실비수익사업, 법인전입금, 후원금으로 이루어진다.

전체 예산의 50%는 정부에서 지원을 받으며, 나머지 부분은 수익사업의 수입과 법인전입금, 후원금으로 이루어진다.

◉ 후원

후원분야	후원내용	
복지관후원	복지관의 사회복지사업을 지원하는 희망 나눔	저소득아동, 청소년 공부방, 독거어르신 식사지원, 기타복지관행사(마을축제, 어린이날 행사 등) 등의 복지사업에 사용
결연후원	도움이 필요한 우리이웃들에게 매월 경제적 지원(후원금)을 하는 희망 나눔	저소득 아동, 청소년, 장애인, 독거어르신 등과 일대일 결연을 통해 매월 일정한 후원금을 전달
행복나눔운동	저소득층 아동, 청소년의 교육격차 해소를 위해 지원하는 희망 나눔	저소득층 아동, 청소년의 교육격차 해소를 위한 학습지원, 학원지원을 위해 사용
물품후원	쌀, 식품, 의류 등의 물품을 후원하는 희망 나눔	후원물품전달, 바자회 판매 등을 통해 저소득 가정 및 지역사회를 돕기 위해 사용

(3) 기관의 행정구조와 예산 사용 및 후원에 대한 실습생의 평가

ㅇㅇ종합사회복지관은 관장 이하 팀제로 운영되어 각 팀끼리 사무실을 사용하여 좀 더 평등하고 수평적인 관계를 느낄 수 있었다. 이로 인해 팀 내의 결속력이 좋을 것으로 예상되나, 반면에 팀 간의

유대관계에 있어서는 어떨지 궁금했다. 팀제로 운영하되 사무실을 함께 쓰는 것이 팀 내, 팀 간 전체적인 단합에 더욱 도움이 될 것 같다는 생각이 들었다.

예산에 있어서는 홈페이지에 공개하므로써 투명하게 운영됨을 알 수 있었다. 또한 윤리경영을 실천함으로써 작은 것 하나에도 본을 보이는 모습을 볼 수 있었다(예, 개인 컵 사용하기).

예산에 있어서 후원금의 비중이 큰 것으로 보아 기관이 타기관(기업)과 다양한 네트워크를 실천하고 있는 것을 알 수 있으며, 물적후원뿐만 아니라 다양한 자원봉사를 통한 인적자원의 후원 또한 풍부함을 할 수 있었다.

5. 기관이 속한 지역사회, 물리적 환경의 특징

(1) 지역사회

○○구는 서울의 중서부에 위치하며, 한강하류에 접한 국제 관문도시로 도로망이 잘 형성되어 쾌적한 주거, 업무, 상업기능을 하는 복합도시다. 또한 DMC(Digital Media City)개발과 함께 동북아 IT 중심기지로 거듭나는 미래도시를 지향하며, 현대적인 멋과 전통의 혼이 공존하는 격조 높은 문화도시다.

◉ 지역특성 (「2009년도 ○○구 지역사회복지계획」 (2009.1) 내용)

면 적	$23.87km^2$(서울시의 3.94%)
인 구	165,978세대 385,119명
주 택	95,586호(보급률 96.9%)
주민조직	404통 3,686반
행정동	16동

◉ 인구특성

○○구 전체인구는 서울시 인구(10,200,827명)의 3.77%를 차지하고 있으며, 전체 인구 중 영구임대주택이 있는 ○○2동에 10.74%, ○○동에 9.68%가 거주하고 있다. 65세 이상 노인인구는 36,495명으로 2003년부터 고령화 사회로 진입하였다.

○○구 유형별 인구현황

구 분	전체인구	5세 미만	65세 이상	기초생활 보장수급자	저소득 모·부자가정	등록 장애인	비 고
인구수(명)	385,119	18,429	36,495	6,019	1,788	13,826	
비율(%)	100	4.78	9.47	1.58	0.4	3.59	

(※ 2008.12.31 주민등록통계 기준)

○○종합사회복지관이 위치한 ○○동은 41,379명(15,564세대) 중 기초생활보장법의 수급권자는 1,550명으로 ○○구 전체수급권자(6,019명)의 25.4%를 차지하고 있다. 이는 ○○구 16개 행정동 중 가장 높은 비율을 나타내고 있다. 또한, 65세 이상 노인인구는 9.89%로 타 지역에 비해 노인의 인구가 상대적으로 높은 편이다.

○○ 2동 유형별 인구현황

구 분	전체인구	5세 미만	65세 이상	기초생활 보장수급자	저소득 모·부자가정	등록 장애인	비 고
인구수(명)	41,379	2,329	3,610	1,550	24	1,920	
비율(%)	9.38	12.98	9.89	25.44	3.12	13.88	마포구 전체대비

(※ 2008.12.31 주민등록통계 기준)

(2) 물리적 환경(시설, 공간 등)
- 소 재 지 : 서울시 ○○구
- 개 관 일 : 1991년 9월 13일
- 연 면 적 : 1,432,94km^2
- 유 형 : 종합사회복지관 / 나형
- 시설현황 : 지상 3층

3층	지역복지팀, 직원회의실, 경로식당(강당), 프로그램3~6실, 전문상담센터, 소통방, 중강당
2층	관장실, 총무기획팀, 가족복지팀, 프로그램1~2실, 방과후교실, 경로당, 노인교실
1층	재가복지팀, 상담실, 물리치료실, 자원봉사자실, 이화어린이집

6. 사회복지기관으로서 지역 내 타 기관들과의 연계

(1) 관계유형 및 내용

○○구 내 직접 서비스를 제공하는 지역 내 복지기관은 종합복지관과 단종복지관 및 부문별 시설로 이루어져 있으며, 전반적으로 노인, 여성, 아동·청소년, 장애인 등을 위한 부문별 이용시설은 대부분 종류별 1~2개 수준으로 위치해 있다.

○○ 구 사회복지시설 현황 총괄

구 분	전체수	종합사회 복지관	지역자활 센터	노인복지 시설	장애인 복지시설	아동청소년복 지시설	여성복지 시설	정신보건 시설
기관수(개)	66	2	1	15	14	14	16	4
비 율(%)	100	3.1	1.5	22.7	21.2	21.2	24.2	6.1

(※ 2008.12.31 기준)

그러나 향후 사회서비스 시장화 양상이 가속화되고 있음에도 불구하고 복지바우처를 공급할 시설인프라가 부족한 상태이다. 그러므로 이러한 복지자원 부족현상을 극복하기 위해 동서 간의 균형 있는 복지자원의 배치가 필요하다.

사회복지관련 기관 외에 아름다운 이웃 사업을 통한 여러 상점, 교육기관과의 관계 형성을 통해 기관에서 지원하기 부족한 부분을 채우고 있다.

(2) 기관의 타 기관과의 관계유지에 대한 실습생의 평가

○○구는 상업과 주거가 함께 공존하는 도시로 유동인구가 많으며 전체인구도 적지 않은 반면 복지인프라가 부족하여 복지실현에 있어서 전반적으로 어려움이 있음을 알 수 있었다. 비록 사회복지기관이 부족할지라도 서로 네트워크를 형성하여 연계한다면 서비스를 제공하는데 자원의 활용이 보다 용이하게 이루어질 것이라고 생각한다.

또한 ○○구사회복지관협의회를 통해서 구내에서 이루어지는 복지서비스를 연계하고 지원한다면 위와 같은 어려움을 극복할 수 있을 것이며, 이를 위하여 ○○구사회복지관협의회는 사회복지 네트워

크 구축, 정보교류 및 협력, 역량 강화를 위한 교육과 훈련 등 사회복지 관련 사업을 하고 있는 기관들이 상호교류와 연대활동으로 사업의 효과성과 효율성을 높일 수 있도록 지원해야 한다고 생각한다.

7. 기관의 특별한 면이나 전반적인 사항에 대한 인상이나 느낌

기관을 방문하기 전에 기관의 내실 있는 사업구성과 실천에 대해 들은 적이 있어서 그런지, 물리적인 환경의 열악함이 크게 느껴지지 않았다. 하지만 기관을 라운딩하면서 좀 더 객관적인 시선으로 관찰하였을 때 어둡고 협소한 장소가 사업실천에 있어서 걸림돌이 될 수도 있겠다는 생각이 들었으나, 이는 진행되고 있는 신관 증축이 완료되면 해결 될 수 있는 부분이며, 이러한 물리적 불편함에도 불구하고 자세한 사업 소개 등을 듣고 나니 역시나 소문대로 사회복지 서비스 실천에 있어서는 짜임새 있게 구성되어 있었다. ○○종합사회복지관은 지리적으로 다른 복지관과 달리 지하철역과 버스정류장이 가까워 접근성이 좋으므로 마포구의 부족한 복지시설로 인해 멀리서 오시는 지역주민들이 이용하기 편리하며, 이로 인해 다양한 지역주민들을 만남으로써 다양한 욕구에 빠르게 반응할 수 있을 것이며 이는 기관의 매우 큰 장점이 될 수 있다고 생각한다.

기관 라운딩을 통해 물리적으로 기관의 규모에 비해 많은 사업을 실시하고 있는 것을 알았고, 주민들의 참여도 또한 높은 것을 알 수 있었다. 임대아파트 내에 위치하다보니 저소득층 위주의 사업이 많은 반면 다른 대상을 위한 사업이 부족한 것에 아쉬웠다. 종합사회복지관이라서 모든 대상자를 위한 사업이 진행되면 좋겠지만 그 전에 해당 지역에 속한 대상자를 위한 사업이 가장 우선시되어야 한다고 생각하는데, 그에 부합하게 지역주민의 대상층에 맞추어 사업을 진행하고 있는 것을 볼 수 있었다.

기관에서 추진하는 목적에 맞게 스스로, 더불어, 성장하는 지역사회 변화의 중심체인 복지관으로 바로 서기 위하여 지역주민의 욕구에 귀 기울이며 지역의 복지를 위해 지역 주민과 함께 하는 복지관이 된다면 무한한 가능성이 있는 복지관으로 성장할 것이라고 생각한다.

표 9-3 실습기관분석 보고서 실제작성 예시 2

실습기관 분석 보고서

실습생명	○○○	기관명	서울 ○○○○센터
기관주소	서울○○구 ○○동 1031-4		
기관소개자	○○○팀장		

1. 기관의 역사

(1) 기관 설립동기 및 설립목적

2003년 지역사회의 적극적인 지원과 협력을 바탕으로 설립된 기관은 청소년 공공시설이자 전문시설로써 서초구 청소년 행복추구라는 비전을 가지고, 청소년 활동진흥사업, 청소년 보호 및 복지사업, 청소년상담사업, 국제교류 및 다문화체험활동 사업, 평생교육사업 등 5가지 분야의 실천사업을 활발히 전개하고, 또한 서초구 청소년들이 보다 건강하고 건전하게 성장할 수 있도록 적극 도우며, 이를 위해 가정과 학교, 지역사회가 일체되는데 최선을 다하려는 목적으로 설립되었다.

(2) 기관 사업의 역사적 변천

청소년들에게 자유로움과 행복을 주는 공간을 추구하려는 목적으로 2003년 설립된 ○○센터는 창조적이고 생산적인 청소년활동을 장려하고, 문화·보호·복지·교육서비스 등을 제공하면서 계속 발전해 왔는데, 그 후 각종 지역네트워크를 이용한 복지사업 및 청소년 지도를 위한 국제교류 등을 활발히 실천하여, 지구촌을 함께 연결한 청소년 복지의 세계화에도 많은 기여를 하게 되었다.

(3) 기관 역사에 대한 실습생의 평가

○○센터는 2003.10.29 개관으로 2003.12.15. 2003년 우수자원봉사 특별상을 수상, 2004.2.27. 학교폭력예방을 위한 학교집단지도 전략, 2004.7.21. 청소년 독거노인 봉사캠프, 2005.3.28. 한일 청소년교류 환영회, 2005.4.20. 부설 학교폭력예방치료센타 개설, 2005.7.2. 사우디아라비아 청소년대표단 방문, 2005.9.4. 제2차 국제교류 독일청소년복지연수, 2007.1.9. 서유럽캠프, 2007.4.20. 학교폭력예방인형극공연, 2007.4.26. 학교폭력예방게릴라캠페인, 2007.7.24. 유럽6개국 국제교류, 2007.10.18. 청소년위기지원센터 청소년누리 개소, 2008.12.26. 청소년지도사 2급 자격연수 최우수지도자상 장관표창, 2008.12.29. 2008년 우수청소년수련시설 장관표창, 2009.8.20. 독일초청세미나 개최 위기청소년을 위한 기숙형 대안자료교육, 2009.12.30. 지도자 및 청소년 자치동아리 각종 대회 수상 등을 비롯하여, 그렇게 길지 않은 역사에도 불구하고 많은 복지사업을 추진하여, 주요 연혁만 몇 분의 일로 줄여서 올렸는데도 길다. 청소년 복지관련 국제교류들, 지역사회 네트워크 위기 청소년지원 및 보호, 학교폭력예방인형극공연 등 참으로 다양한 아이디어와 사업성과들은 어떤 복지관도 쉽게 따라 가기 힘들 정도로, 진심으로 청소년을 생각하는 사람들만이 만들어낼 수 있는 추진력있고 정열적인 이 기관 사회복지사들의 합작품이라고 할 수 있다.

2. 기관의 목적

청소년들에게 자유로움과 행복을 주는 공간 추구를 슬로건으로 청소년 체험 중심의 수련활동 서비스를 제공, 생활권 수련 시설의 모델을 구축, 창조적이고 생산적인 청소년활동(동아리, 공부방)을 장려, 청소년들에게 문화·보호·복지·교육·서비스를 제공한다. 지역사회가 청소년 육성을 책임지는 모델을 만드는 데에 서초구 지역특성을 반영한 특성화 사업을 전개한다.

3. 기관의 주요사업 및 프로그램

(1) 클라이언트 및 대상 지역

- 클라이언트 : 아동, 청소년과 그 가족들의 변화하는 욕구에 부응하기 위해 각종 흥미있고 유익한 프로그램을 지속적으로 개발하고 있으므로 이용자들의 만족도가 높아 적극적인 참여를 보이고 있다.
- 서비스 대상 지역 범위 : 서울시 ○○구 지역
- 실제적·잠재적 클라이언트 층 : ○○구 지역에 거주하는 아동, 청소년 및 지역주민

(2) 주요사업

주요사업	세부내용
청소년 교육 문화 복지 사업	청소년 문화의 집, 어린이 도서관, 경제문화체험, 청소년 복지를 위한 국제 교류 등
청소년 둔 가족을 위한 사업	우리가족 뮤직비디오 만들기, 가족보드게임장, 가족상담
청소년 상담 사업	심리검사, 적성검사, 개인상담, 학교 집단상담(마음높이)
학교폭력 예방 사업	집단 따돌림 예방교육, 학교폭력 피가해 학생 상담
서초구민 건강 프로젝트	키가 크는 발레, 키 크는 요가, 재즈댄스, 에어로빅
취미 능력 개발 프로젝트	스피치, 미술, 바이올린/플룻, 뮤지컬영어, 어린이 중국어

(3) 서비스 전달체계

아동, 청소년과 그 가족을 위한 사업과 서초구민 건강 프로젝트, 취미 능력 개발 프로젝트, 평생학습 프로그램 등 다양한 계층의 시대에 변화하는 욕구에 부응하기 위해 노력하는 만큼, 이용 대상층의 만족도 또한 높으며 적극적인 참여로 왕성하게 진행되고 있다.

(4) 기관의 대상층 및 주요사업에 대한 실습생의 평가

자라나는 청소년들에게 꿈과 비전을 주기 위하여 각종 창조적이고 생산적인 청소년활동을 장려하며, 저소득 빈곤청소년 야간보호 및 교육서비스를 지원하고, 또한 항상 같은 일상에 활기를 잃은 아이들에게도 세계문화체험캠프, 청소년 영어캠프, 교실 밖 역사여행 등 다양한 프로그램으로 새로운 에너지와 자신감을 심어주는 노력을 하고 있다. 조직은 관장을 필두로 운영부장, 사업부장이 있고, 업무지원팀, 문화교육팀청소년 상담실 청소년 활동진흥팀 들이 있는데 각 팀에는 팀장이 모든 업무를 지휘한다. 물론 위계질서는 확실히 있지만, 업무에 반드시 위 아래를 두지 않으며, 모든 직원이 겸손하고 가족 같은 분위기여서, 조직운영을 위한 팀워크가 훨씬 원활하다.

4. 기관의 행정사항

(1) 기관의 조직구조

구 분	관 장	사업부장	업무지원팀 과장	팀 장	주 임	상담원	사 원	청소원	계
정원	1	1	1	4	4	3	5	3	22
현원	1	1	1	4	3	2	5	3	20

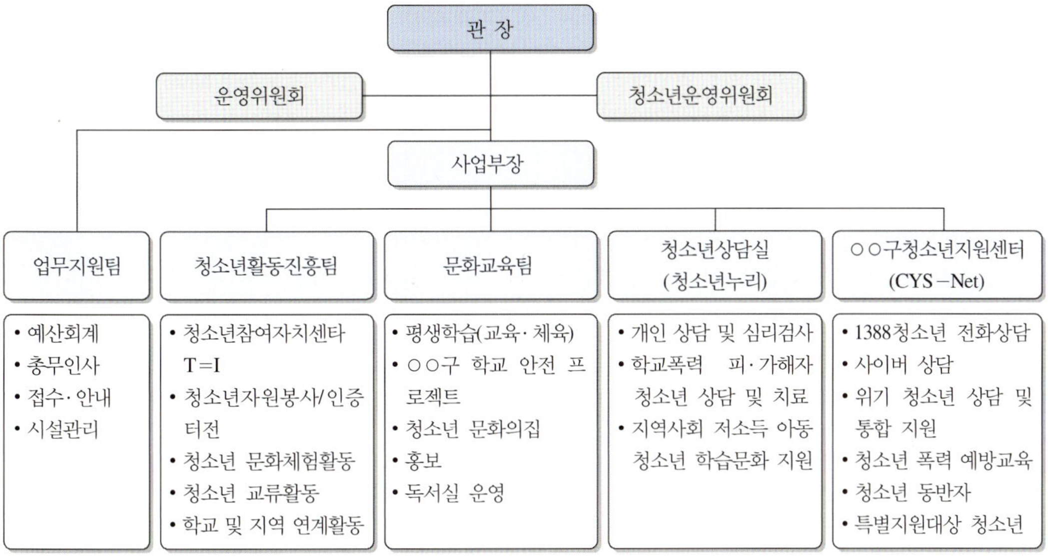

(2) 예산, 후원 및 지원사항

구 분	세 입			세 출			
예산과목	예산액	집행액	집행률	예산과목	예산액	집행액	집행률
사업수입	654,894	453,000	69%	인건비	498,906	460,231	92%
구운영보조금	455,900	455,900	100%	관리비	176,140	136,650	76%
구사업보조금	73,000	73,000	100%	시설비	1 5,646	10,466	67%
기능보강비	9,966	9,966	100%	사업비	602,020	462,221	78%
법인전입금	45,000	45,000	100%	예비비	11,824	–	–
외부공모선정사업	37,950	37,950	100%	이월금	–	39,008	–
이월금/잡수입	27,826	33,760	121%	–	–	–	–
계	1,304,536	1,108,576	85%	계	1,304,536	1,108,576	85%

(3) 기관의 행정구조와 예산 사용 및 후원에 대한 실습생의 평가

○○센터는 구 운영보조금으로 운영할 뿐 따로 기금을 받지 않아서, 차량도 없고 이렇다 할 자원이 없다고 한다. 지금도 훌륭한 운영을 하고 있긴 하지만, 기금모금과 후원기관 등의 물색을 위한 좀 더 적극적인 시스템을 개발한다면, 청소년과 지역복지에 더 큰 기여를 할 수 있을 것 같다.

5. 기관이 속한 지역사회, 물리적 환경의 특징

(1) 지역사회

3층의 청소년 독서실도 오래 전부터 활성화 되어 있으므로 복지관의 게시판과 카운터, 벽보 등의 홍보가 큰 효과를 보이고 있다. 또한 기존의 아동과 청소년회원들에게 직접 전화를 해서 각종 프로그램의 홍보 및 접수를 받는 것도 효과적이었다.

(2) 물리적 환경(시설, 공간 등)

청소년들의 문화, 보호, 복지, 교육 등에 관한 전반적인 서비스 프로그램들이 주로 흥미있는 체험위주로 된 것이 많아 대부분 호응이 큰 편이며, 토끼와 홍당무 요리교실, 겨울학기, 원데이특강, 키즈파티 케익만들기, 요리 속 세계여행, 교실 밖 생생 역사여행, 영어회화프로그램들은 교육적일 뿐 아니라 아동과 청소년의 흥미를 유발하여 큰 효과도 함께 나타나고 있다.

6. 사회복지기관으로서 지역 내 타 기관들과의 연계

(1) 관계유형 및 내용

지역사회에서의 타 기관과의 교류 사업은 다양하고 활발하다. 공공기관으로는 서초구청과 관내 중고교들, 경찰서, 보건소 등의 여러 기관들과 연계하여 각종 학교폭력예방 프로젝트, 저소득 청소년 지원네트웍 구성, 독거노인과 소년소녀가장을 위한 김장김치 만들기 등의 각종복지 사업을 벌이고 있다.

(2) 기관의 타 기관과의 관계유지에 대한 실습생의 평가

일반사회단체와도 연계하여 ○○노인복지사업소와의 독거노인 위문활동, 인권동아리 자원봉사한마당, 방배어린이 합창단과의 사랑과 감사의 음악회 등을 통해 365일 활발한 지역사회복지활동에 참여하고 있다.

7. 기관의 특별한 면이나 전반적인 사항에 대한 인상이나 느낌

- 학생들이 독서실(3층)에서 공부하다 지칠 때에는 문화의 집(2층)으로 내려와 유익한 도서나 각종 건전한 여가 프로그램들을 이용하면서 머리를 식힐 수 있는 환경이 주어져서 청소년들의 그리 많지 않은 휴식처로 일조를 하고 있다고 보겠다.
- 귀 기관의 직원들은 친절하고, 자발적이셨으며 무엇보다 청소년들의 입장에 서서 귀를 기울이며 참여하고 있다는 모습이 엿보였다.
- 조직 및 인력구성이 현원에 비하여 2명 부족하였고, 예산적인 면에서도 넉넉지 못함이 실습생으로 생활하면서 느낄 수 있었다.
- 청소년활동진흥팀에서는 청소년자원봉사로 환경교육, 에너지절약 및 필요성, 청소년학교폭력예방, 환경정화 활동 및 캠페인 등을 통하여 자원봉사의 중요성을 인식시키며 교육과 함께 현장에서의 실제 자원봉사를 진행하며 많은 청소년들의 참여율이 보였다.
- 문화의 집에서 운영하는 프로그램의 보조로 참여하면서 진행목적과 진행자의 의도를 파악하여 원만한 진행을 할 수 있도록 프로그램의 전반적인 사항에 대해 사전준비가 필요함을 배우게 되었다.

제10장

실습 평가서

제1절 실습중간평가서

1. 실습평가의 목적

실습평가는 실습계획서에 세웠던 실습교육에 대한 목표들을 어느 정도 달성 했는지를 평가하는 것이다. 실습평가를 통하여 초기에 설정했던 목표와 종결시점에서 어떤 차이가 있는가를 비교하여 실습생의 발전 정도를 평가할 수 있으며, 실습중간평가는 실습생의 학습동기를 강화시키는 역할을 한다.

2. 실습중간평가서 내용

실습중간평가는 주로 실습기관에서 실습 중반 시점에서 실습보고회를 통해 이루어진다. 실습보고회는 실습생 위주로 전반적인 내용을 준비하고 발표형태로 진행한다. 실습보고회는 실습지도자 뿐만 아니라 모든 기관 사회복지사들이 참여하여 평가를 내린다. 실습자기평가서는 실습중반 시점에서 진행되기 때문에 격려위주의 평가가 바람직하다. 달성한 실습목표에 대해서는 칭찬 해주고, 부족한 내용은 보강하도록 격려해야 한다.

표 10-1 실습중간평가서 양식

실습중간 평가서			
실습생명		기관명	
실습기간		실습지도자	
실습평가일		실습지도교수	

1. 실습목표와 관련된 실습내용 및 역할에 대한 평가
   1) 수행한 실습내용 및 역할의 요약
   2) 평가
   3) 앞으로의 계획

2. 실습에 임한 자세 및 노력

3. 실습을 통해 배운 점

4. 앞으로 더 필요한 지식과 기술

5. 실습에서 어려웠던 점

6. 기관 및 실습지도자에게 건의할 점

3. 실습종결평가서 내용

실습종결평가서는 통상 실습의 마지막 주에 진행된다. 종결평가서는 실습목표의 달성 평가 뿐만 아니라 더 나아가 예비사회복지사로서의 정체성 확립에 대한 정도, 사회복지사로서의 장래 진로에 대해서도 설계할 수 있는 기회가 된다.

실습종결평가서의 구성은 실습내용 및 실습목표 대한 평가, 서비스 실천과정 평가, 정책 및 행정, 자원활용, 실습자세, 그리고 전문적 태도 등 포괄적인 내용을 포함하고 있다.

표 10-2 실습종결평가서

실습종결 평가서

실습생명		기관명	
실습기간		실습지도자	
실습평가일		실습지도교수	

1. 실습일정에 대한 평가

2. 실습내용 및 역할에 대한 평가

3. 실습목표에 대한 평가
   1) 구체적이고 적절한 목표 설정 여부
   2) 목표의 달성 여부

4. 서비스 실천과정에 대한 평가 / 정책 및 행정 실습에 대한 평가
   1) 문제 파악 및 자료수집 능력 / 문제 인식 능력
   2) 문제 사정 능력 / 문제 분석 능력
   3) 개입 기술 / 문제해결을 위한 대안제시능력
   4) 면접 기술 / 기존지식과 정보의 사용능력
   5) 기록 기술 / 기록 기술
   6) 클라이언트와의 전문적인 관계 형성 / 유관 기관 및 관련된 사람들과 전문적인 관계 형성

5. 실습생의 자원 활용에 대한 평가(인적, 물적 자원)
   1) 기관 외의 자원 활용
   2) 실습과 관련된 참고서적의 활용

6. 실습에 임하는 자세에 대한 평가
   1) 업무관리
      (1) 시간 준수, 과제제출
      (2) 주어진 일에 대한 업무조절 능력
   2) 직원과의 관계(실습지도자, 타직원, 타 전문직 직원)
   3) 다른 실습생과의 관계
   4) 실습에 있어서의 적극성 및 자발성

7. 전문적 태도에 대한 평가
   1) 사회복지사로서 실습생 자신의 장·단점에 대한 인식
   2) 전문가로서 윤리 및 가치관의 이행

8. 실습지도 활용 정도에 대한 평가
   1) 실습생 자신의 실습지도 활용정도에 대한 평가
      (1) 기관 실습지도
      (2) 대학 실습지도
   2) 실습지도 자체에 대한 평가
      (1) 기관 실습지도
      (2) 대학 실습지도

9. 기관 이해도에 대한 평가
   1) 실습생의 과업과 관련된 기관의 목적, 정책, 행정 절차에 대한 이해
   2) 실습생으로서의 기관내의 권한과 한계에 대한 인식

10. 실습 기간 중 가장 유익했던 내용

11. 실습기간 중 가장 안 좋았던 내용

12. 실습 기관, 실습 지도자, 대학에 대한 건의사항

13. 기타 하고 싶은 말

제2절 실습중간평가서 작성 사례

1. 실습중간평가서 작성 사례 1

실습중간평가서는 실습에서 부족했거나 미비한 점을 수정·보완하여 남은 실습기간에 반영하여 중요한 평가이다. 이러한 점에서 차후 계획을 더 구체화시키는 것이 좋다.

표 10-3 실습자기평가서 작성 사례 1

실습자기(중간)평가서

실습생명	○○○	기관명	○○○○○종합사회복지관
실습기간	2011. 7. 4. ~ 2011. 7. 29.	실습지도자	○○○ 사회복지사
실습평가일	2011. 7. 18.	실습지도교수	○○○ 교수님

1. 실습목표와 관련된 실습내용 및 역할에 대한 평가
   1) 수행한 실습내용 및 역할의 요약

실습시간		실습내용	역할
1차	7월4일 (월)	4주 동안 이루어질 실습에 대한 전반적인 오리엔테이션을 하고, 기관을 이해하기 위하여 기관의 각 팀별 소개 및 사업에 대해 설명을 듣고 기관라운딩을 하였다.	실습 오리엔테이션을 통해 실습 과정을 알고, 기관 및 사업소개를 통해 기관에 대해 이해한다.
2차	7월5일 (화)	실습 1주에는 공통교육으로 학부, 대학원 실습생이 함께 교육을 받는다. '지역사회복지관의 현황과 과제'에 대한 공통세미나 준비를 하고, 프로그램 개발과 평가 교육을 통해 실제 목적 및 목표를 세워보는 실습을 하였다. 지역복지팀 실습에 앞서 '자원개발의 이해'와 '주민조직화'에 대한 교육을 받고, 실제로 지역을 조사하며 지역자원지도를 그려보는 실습을 하였다.	공통세미나 준비를 위하여 주제에 따른 세부주제 및 대상을 선정하여 역할을 나눈다. 교육내용을 이해하고 교육에 따른 실습활동에 적극적으로 참여한다.
3차	7월6일 (수)	'사례관리의 이해'에 대한 교육을 받고 실제 사례를 가지고 케이스컨퍼런스를 진행하였다. 총무기획팀을 체험하기 위해 총무기획팀에서 다루는 문서작업을 하였다. '기관행정과 기록의 이해'에 대한 교육과 함께 과정기록에 대하여 실습을 하였다. 나눔 컨퍼런스를 시청하고 토론을 하였다.	교육내용을 이해하고 교육에 따른 실습활동에 적극적으로 참여한다. 나눔에 대한 시각교정을 한다.

4차	7월7일 (목)	'가족상담의 이해' 교육을 통해 가족상담에 대한 전반적인 이해를 하고 실습생들끼리 각자 상담자, 내담자, 관찰자가 되어 상담실습을 하였다. 재가복지팀을 이해하기 위하여 경로식당의 업무를 체험하였다. 공통세미나를 위하여 팀별 준비를 하였다.	교육내용을 이해하고 교육에 따른 실습활동에 적극적으로 참여한다. 공통세미나 준비에 있어서 각각 맡은 부분의 자료를 조사하고 토론한다.
5차	7월8일 (금)	'지역사회복지관의 현황과 과제'를 주제로 공통세미나를 진행하였다. 가족복지팀을 이해하기 위하여 교육공동체 아동들과 함께 체육활동을 하였다.	지역사회복지관의 현황과 과제에 대해 이해하고, 이에 따른 개인적인 의견을 정립한다. 교육공동체 아동들과 유대를 형성한다.
6차	7월11일 (월)	실습 2주부터는 각 팀별로 실습이 진행되어 지역복지팀의 실습 일정에 따라 실습을 하였다. 온라인 모금을 진행하기 위해 온라인 모금사이트 사례조사를 하고, 진행할 온라인 모금을 계획하기 위해 프로그램 계획서를 작성하였다.	온라인 모금에 대해 이해하고, 잘 된 사례와 그렇지 못한 사례를 찾아봄으로써 직접 진행하게 될 온라인 모금에 대한 계획을 세운다.
7차	7월12일 (화)	온라인 모금 프로그램 계획서를 작성하고, 오프라인 모금 홍보 캠페인을 할 장소에 방문하여 적합한 장소를 견학하고 장소대여 절차에 대해 알아보았다.	온라인 모금 프로그램 계획서를 작성한다. 오프라인 모금 홍보 캠페인 장소를 알아본다.
8차	7월13일 (수)	프로그램 계획서를 최종 수정하였다. 온라인 모금을 진행하기 위한 사례를 선정하고, 온라인 모금함을 개설하기 위한 구상을 하였다.	프로그램 계획서를 완성한다. 온라인 모금함을 구상한다.
9차	7월14일 (목)	CO 학습조사 세미나에 참여하고, 지역주민조직화에 대한 이해를 더하기 위해 주민조직화의 현장에 계신 주민을 만나서 인터뷰를 하였다.	실천현장에서의 CO에 대한 이해를 한다. 인터뷰를 통하여 지역주민조직화에 대해 이해한다.
10차	7월15일 (금)	온라인 모금함을 완성하여 ○○○에 개설하고, 온라인 모금함 홍보를 하였다.	온라인 모금함을 완성하여 개설하고, 온라인 홍보를 한다.

2) 평가

실습을 동하여 사회복지이론을 실무에 적용하는 과정을 통하여 전문적인 기술을 습득하며, 전문 사회복지사로서의 자질을 향상시키는 목적을 이루고자 하였다. 이에 따른 목표로 첫째, 지역복지 실습을 통해 본 실습생의 강점에 부합하는 분야를 확정하고 관련된 진로의 방향을 탐색하는 것이며, 둘째, 다양한 교육과 경험을 통해 사회복지사로서의 실천기술을 익히는 것이다.

위와 같은 목적과 목표에 따라 10회기까지의 실습을 평가하고자 한다.

지역복지팀의 실습을 통하여 나의 강점에 부합하는 분야를 확정하고자 했던 목표를 달성하기 위하여 지역복지팀의 실습에 더욱 집중하였다. 본격적으로 지역복지팀 실습을 하는 것에 앞서 지역복지팀 소개 및 사업 소개를 통해 개괄적인 이해를 할 수 있었으며, 한주 동안 진행된 지역복지 실습을 통하여 평소에 관심이 많았던 후원, 모금활동과 홍보활동에 대해 배우고 경험하면서 지역복지에 대한 본 실습생의 높은 관심을 확인할 수 있었다.

두 번째 목표인 다양한 교육과 경험을 통해 사회복지사로서의 실천기술을 익히고자 했던 목표를 달성하기 위하여 실습 1주차에 진행되었던 공통교육에 집중하였다. 각 팀별 소개 및 사업 소개를 통해 종합복지관에서 이루어지는 사업에 대해 전반적으로 이해할 수 있었으며, 이에 따른 실습에 적극적으로 참여함으로써 사업의 이해도를 높일 수 있었다. 특히 프로그램 개발과 평가에 대해 부족함을 느끼고 이를 학습하는데 주력하였는데, 교육을 받고 그 후에 진행된 목적과 목표 수립 실습, 그리고 지역복지팀에서 작성한 프로그램 계획서를 통해 목표수립을 하는 것에 부족함을 느끼며 이를 위한 보충 학습이 필요하겠다는 것을 알 수 있었다.

10회기까지의 실습을 마친 후 총 평가로는, 종합사회복지관과 각 사업 소개와 실습을 통해 전반적인 이해를 할 수 있었다. 이를 통해 부족한 부분이 무엇인지를 파악하고 이를 보완하기 위한 계획을 세워 실천에 옮겨야겠다.

3) 앞으로의 계획

실습의 목적과 목표를 달성하기 위한 앞으로의 계획은 다음과 같다. 우선 실습 전에도 느끼고, 실습을 하면서도 느꼈던 프로그램 개발과 평가에 대한 이해와 함께 프로그램 계획서를 작성하는 것을 보완할 필요성을 느낀다. 그래서 이를 위하여 공동모금회 당선 프로포절을 정독하면서 프로포절 작성법을 익힌다. 특히 목적 및 목표 수립에 가장 어려움을 느끼므로 이에 더욱 집중하여 학습을 해야겠다.

지역복지팀 실습을 통해 온라인 모금에 대해 처음 경험하였는데, 이를 완벽하게 배우고 앞으로 모금활동을 진행하기 위하여 우선 모금과 후원에 대해 관련 논문을 통해 학습하고 그 중에서 온라인 모금에 대해 더욱 집중하여 학습을 해야겠다. 그리고 개설한 온라인 모금을 위해 홍보하는 방법 또한 깊이 고민하지 않았는데, 홍보의 효과를 높이기 위한 방법을 모색하고 실천해야겠다.

2. 실습에 임한 자세 및 노력

지역복지팀의 실습을 하기에 앞서 공통교육을 통해 종합사회복지관에 대해 이해하기 위해 노력하였다. 더불어서 공통세미나를 통하여 이를 보완할 수 있었고, 종합사회복지관과 지역복지팀에 대한 본 실습생의 생각 및 의견을 정립하기 위해 노력하였다.

수퍼바이저 및 기관 모든 선생님들 그리고 실습동기들 간의 유대를 형성하기 위하여 긍정적이고 밝은 성격으로 관계를 형성하기 위해 노력하였으며, 서로가 도움이 되는 관계가 되기 위하여 모든 실습과정에 있어서 적극적이며 성실한 태도로 임하였다.

가장 기본적인 실습생의 자세로, 지각, 결석 등 출결상황에 있어서 완벽하게 출석하였으며, 과제를 성실히 수행하고 기한 내에 제출하였다.

3. 실습을 통해 배운 점

실습을 할 때에는 늘 현장 경험 및 실천기술을 익히는 것이 주 목표였다. 이렇게 생각한 이유는 실천현장에서는 실천기술이 가장 우선시 되어야 한다는 본 실습생의 생각 때문이었다. 하지만 이번 실습을 통하여 실천기술과 함께 이론 및 사회동향 그리고 실시배경 등에 대한 중요성을 인식하였다. 이 모든 것들이 바탕이 되어야 더욱 전문적인 실천기술을 익히고 이를 실천할 수 있음을 느끼며, 교육과 연구에 대한 중요성과 필요성을 인식하게 되었다.

그리고 종합사회복지관과 특히 지역복지팀에 대한 본 실습생의 생각 및 의견을 정립할 수 있었다. 종합복지관과 단종복지관의 관계 및 그 안에서 종합사회복지관의 역할에 대해 고민하고 이를 통해 개인적인 의견을 수립할 수 있었다.
프로그램 개발과 평가 교육과 함께 지역복지팀에서 진행되었던 프로그램 계획서를 작성함으로써 목적 및 목표를 수립하는 것에 있어서 부족한 부분을 채울 수 있었다. 아직 정확히 이해하여 어려움을 극복한 것은 아니지만 기본적인 작성 방법에 대해서 이해할 수 있었다.
마지막으로 모금에 대한 사업을 계획하고 진행하면서 모금사업에 대해 이해할 수 있었고, 이에 대한 보편적인 시각이 변화될 필요가 있음을 깨달았다.

4. 앞으로 더 필요한 지식과 기술
앞으로 모금활동을 위한 홍보 및 진행을 할 예정인데, 모금에 대한 이해가 많이 부족함을 느꼈다. 그래서 모금과 후원 관련 논문을 찾아서 이에 대한 이해를 높이고 사업을 진행 해야겠다. 더불어서 모금을 위한 홍보방법에 대해 깊이 고민하지 않았는데, 효과적인 홍보를 위한 방법을 모색하여 모금활동이 더욱 활발히 이루어질 수 있도록 해야겠다.
프로그램 계획서를 작성하는 법에 대해 교육을 받고 직접 작성해 보기도 했지만 이에 많은 부족함을 느낀다. 그래서 이를 위하여 완성도 높은 프로포절을 보고 학습을 해야겠다. 이와 더불어 모든 분야에서 가장 기본이 되는 기록 및 작성법에 대해서도 숙지하여 보고서의 완성도를 높일 수 있도록 해야겠다.

5. 실습에서 어려웠던 점
지역복지팀의 주된 실습은 모금활동에 집중이 되어 있는데, 모금활동이 배치되어 있는 기간에 비해 이에 대한 교육의 부족함을 많이 느꼈다. 모금활동에 관련된 실습을 하기 전에 모금활동에 대한 자세하고 폭넓은 교육이 배치되었다면 사업을 이해하고 진행하는 데 더 많은 도움이 되었을 것이라고 생각한다. 그래서 이를 보완하기 위하여 개인적으로 학습하고 팀원들과 함께 나누고 논의할 필요성을 느낀다.
공통세미나를 준비하기 전에 수퍼바이저님께 정확한 이해를 위한 소통이 부족했다고 생각한다. 특히 공통세미나를 준비하면서 어떤 방향으로 준비를 해야 하는지 파악하지 못하여 팀원들 모두 주제에 접근하지 못하고 겉돌았던 시간이 많았는데, 이때 팀원들끼리만 고민하고 있을 게 아니라 수퍼바이저에게 모르는 부분에 대해 적극적으로 질문하고 이해했다면 시간의 부족함을 느끼지 않고 완성도 높은 세미나 자료를 만들 수 있었겠다는 아쉬움이 남는다.

6. 기관 및 실습지도자에게 건의할 점
실습은 학교에서 배운 이론과 함께 실천기술을 익히는 목적도 있지만 예비 사회생활을 경험할 수 있는 것이라고 생각한다. 그래서 이번 실습을 통하여 사회복지와 지역복지팀에 대한 이해와 경험과 더불어서 사회생활에 대해서도 경험하고 싶다. 물론 지금 하는 모든 것들이 그 경험이 되겠지만 실제 사회생활에서 느꼈던 경험에 대해 많은 이야기를 해 주셨으면 좋겠다.

7. 실습지도자 의견(평가회 내용 반영하여 실습생이 작성)

우리팀 실습생에게 공통적으로 주신 수퍼비전은 3가지이다. 우선 우리가 실습을 하면서 공통적으로 어려움을 느낀 부분인 프로그램 계획서를 작성하는 것이다. 수차례에 걸쳐서 계획서에 대해 피드백을 받고 수정을 하면서 우리 모두 계획서를 작성하는 것에 있어서 부족함을 많이 느꼈는데, 이에 대해 우리의 계획서 작성 능력이 부족하기 보다는 평소에 쉽게 접해보지 못한 프로그램을 계획함으로써 어려움이 있었던 것이고, 또한 우리는 실습생의 위치에서 배우는 자리이기에 더욱 완성도 높은 계획서를 작성하기 위한 과정이므로 자신의 능력에 대해 자신감을 가져도 된다고 사기를 진작시켜 주셨다. 더불어서 기록을 잘 하는 것은 사회복지뿐만 아니라 어느 분야에서든 필요한 능력인데, 이런 기록이 단순히 보기 좋게 포장을 하기 위한 기록이 아닌, 사업의 취지와 목적을 가장 잘 설명해 줄 수 있는 기록을 하여 사업의 타당도를 높여주는 기록이 될 수 있도록 연습을 하는 것이 좋겠다는 수퍼비전을 주셨다.
다음으로 모금활동을 하는 실습에 앞서서 모금에 대한 이론적인 이해의 필요성을 느꼈다. 비록 이론적 이해를 위해 우리가 준비해야 할 것들과 공부해야 할 것들이 부담이 되고 힘이 들 수도 있지만 그런 과정을 통해서 많이 배울 수 있음을 공통 세미나를 통해 경험하였으므로 더욱 이에 대한 아쉬움이 크게 남았다. 이에 대해서는 이미 이론 교육에 앞서 프로그램을 실행하고 있으므로 앞으로 남은 실습과정을 통해 이론 후 실습이 아닌 실천을 통해 이론을 되돌아보는 시간이 되었으면 바람직하겠다고 말씀해 주셨다. 더불어서 남은 기간 동안 이론적인 부족함을 채우기 위한 방법을 모색하겠다고 하셨으며, 이에 대해서 다음 실습에서는 충분히 반영하겠다는 말씀도 덧붙이셨다.
마지막 공통 수퍼비전은 자기탐색이다. 실습생들의 실습 목표 중에 자기를 탐색하는 것으로 사회복지사로서의 강점과 약점을 발견하는 것과, 사회복지 실천의 가치관을 정립하는 두 가지의 자기 탐색 목표가 있었다. 이에 대해서 함께 생각을 많이 나누고, 다음 최종평가에서 자신의 목표뿐만 아니라 다른 실습생의 목표에도 관심을 갖고 자신을 탐색하여 이에 대한 평가를 함께 해 보는 것이 좋겠다는 의견을 제시해 주셨다.
본 실습생 개인에게 주신 수퍼비전으로는, 공통세미나와 CO 세미나를 통하여 종합사회복지관에 대한 본 실습생의 개인적인 생각 및 의견으로 종합사회복지관은 다양한 대상을 접하므로 융통성 있는 기관이 되어야 하며, 여러 사회복지기관들 중의 거점기관이 되어야 한다는 것을 정립할 수 있었다. 위와 같은 본 실습생의 의견에 동의해주시면서, 종합사회복지관의 역할에 있어서 '종합사회복지관'이라는 표현보다는 '지역사회복지관'이라는 표현으로 기관의 정체성을 찾는 것이 바람직하겠다고 말씀해 주셨다. 지역사회복지관으로서 지역성에 기반을 투고 그 안에서 지역의 욕구를 탐색하여 중심체의 역할을 하는 것이 지역사회복지관의, 특히 지역복지팀의 역할이 되겠다고 수퍼비전을 주셨다.
중간 평가와 함께 내가 바라본 실습 동기에 대해서 생각을 나누는 시간을 통해 긍정적이고 밝은 에너지가 있으며, 무슨 일이든 앞장서서 하려고 하는 모습이 있다는 평가를 받으며, 본 실습생 또한 실습 동기의 강점을 발견하였다. 특히 본 실습생이 항상 부족하다고 느끼는 것으로 감정적인 생각이 앞서는 것인데, 이에 대해 사회복지사는 사람을 만나고 사람을 대하는 사람으로 감정을 배제하는 것은 매우 어려우며 그러므로 우리의 모든 사업이 감정 노동이라는 말씀을 해주셨다. 하지만 이때 감정이 앞서서 그대로 행동하는 것은 옳지 못하며, 기본적인 사회복지 가치를 기반으로 하여 감정 노동을 하는 것이 본 실습생 스스로에게도, 클라이언트에게도 도움이 되는 길이라고 수퍼비전을 해 주셨다.

2. 실습생자기평가서 실제 사례 2

사례2에서는 자기평가가 매우 추상적이고 감성적으로 작성되었다. 또한, '3. 앞으로 더 필요한 지식과 기술' 영역은 기술조차 하지 않았다. 빈공간으로 남겨두는 것은 불성실한 기록으로 느껴지므로 빈공간으로 남겨주지 않도록 최선을 다해서 기술해야 한다.

표 10-4 실습자기평가서 작성 사례 2

실습생자기평가서

실습생명	○○○	기관명	○○○ 장애인 시설
실습기간	2011.1.25 ~ 11.2.16	실습지도자	○○○ 팀장
실습평가일	2011년 2월 16일	실습지도교수	○○○ 교수

1. 실습에 임한 자세 및 노력

   1) 시간준수 / 업무능력

   사회복지사로서 장애인들에 대한 충분한 지식과 개개인들에 맞는 케어의 방법을 준비하지 못한 상태에서 클라이언트를 대할 때 다소 어려움이 있었다. 장애의 원인과 정도에 따라 각기 다른 사고와 환경을 제공하여야 하며 비장애인과 장애인이 구분과 차별이 아닌 서로 하나가 되어 더불어 살아가는 사회가 됨으로서 이들에 대한 편견도 사라질 것이라 생각된다. 또 이들을 통해 내 자신도 한 단계 성숙해질 수 있었다

   2) 직원 및 다른 실습생과의 관계

   시작이 반이라고 했던가? 실습 전 막연히 걱정했던 것과는 달리 직원분들의 수퍼바이저에 따라 행동함에 따라 이용자들과의 관계도 하루하루 친밀해지는 것을 느낄 수 있었다.

   또한 궁금한 것이 있으면 못참는 나의 성격상 궁금한 것이 생기면 즉시 직원분들을 괴롭혀서 답을 알아내고야 말았던 것이 혹여 직원분들이 내색은 안했지만 귀찮음을 느끼지 않았나 하는 조그마한 걱정이 든다. 다른실습생들은 결혼도 하셨고 아이들의 부모로 벌써 많은 배려심이 있는터라 혹여 내가 잘못한 것이 있어도 너그럽게 용서해주고 이해해 주어서 실습하는 내내 든든하기도 하고 너무 감사했다.

   3) 실습에 있어서의 적극성과 자발성

   장애인과 비장애인의 구분을 떠나 이들의 사회의 한 구성원으로서 사회 활동에 있어 주체적으로 참여하고 인간다운 삶을 누릴 수 있는 기회가 평등하게 주어져야 함에도 불구하고 이들에 대한 재정적 지원과 인적 지원은 매우 부족한 상태이며 장애인에 대한 우리 사회의 편견과 시선은 이들의 고용이 미진한 원인이 될 수 있으며 우리 사회가 좀 더 장애인들에 대한 모든 프로그램 지원과 계획에 있어 활성화 방안을 모색해야 할 것이다. 그러므로 실습생인 나는 그런점에 더욱 관점을 두과 이 기관에서 열심히 실습에 임할 각오이다. 또한 주간보호센터 단기보호센터 재가복지 프로그램들은 지역사회와의 연결고리를 맺게 됨으로서 이들에게 정서적지지와 가족기능강화 삶의 회복을 지원하는 좋은 프로그램이라 생각되며 장애인들이 지역사회의 한 일원으로 나아가 사회의 한 일원으로서 서로의 관심을 증대시키며 이들의 자존감을 키워 나갈 수 있는 좋은 기회라고 생각한다.

   속속들이 다 알지는 못하겠지만 면밀히 살펴보고 알아보려한다. 또 이번실습을 통해 내 자신도 한

단계 성숙해질 수 있는 좋은 기회라고 생각된다.

2. 실습을 통해 배운점
   사회복지는 학교에서 배운 이론적 지식 실습을 통해 실무를 접하게 된다는 점에서 기대와 해낼 수 있을까 하는 걱정으로 임하게 되었다. 이곳은 장애인에 대한 재활 프로그램과 케어를 제공하여 재활의 꿈을 키워나가는 곳으로 선천적장애를 가진 분들이 주로 생활하며 이분들이 각기 다른 장애의 특성을 가지고 있음을 알게 되었고, 또한 비장애인과 마찬가지로 사회 통합의 완전한 참여와 행복한 삶을 누릴 권리가 평등하게 주어져야 함을 다시 한 번 깨닫게 되었다. 아직도 사회전반에 있어 복지 분야는 열악한 상태지만 장애인들이 좀 더 나은 환경 속에서 자립의 꿈을 키워 나아갈 수 있도록 우리 사회의 많은 관심과 지원이 필요하며 우리사회가 언제 어디서든 이들의 손을 잡아줄 수 있는 따뜻한 사회가 되어야 한다는 사실을 다시한번 되돌아보는 기회가 되었다.

3. 앞으로 더 필요한 지식과 기술

4. 실습에서 유익했던 점 / 어려웠던 점
   사회복지사로서 장애인들에 대한 충분한 지식과 개개인들에 맞는 케어의 방법을 준비하지 못한상태에서 클라이언트를 대할 때 다소 어려움이 있었고 대부분의 사회복지사들이 친절하게 대해주었으나 간혹 몇몇 분들의 불친절함은 이곳에 익숙하지 않은 사람으로서 때론 당황스럽기도 하였다.

5. 기관 및 실습지도자에게 건의할 점
   실습을 통해 많은 경험과 제 자신이 한 단계 성숙 할 수 있는 기회를 갖게 해주신 기관에세 감사드립니다. 이 기관에 속해 있는 많은 클라이언트들이 더욱 행복한 삶을 영위할 수 있도록 사회통합 프로그램들이 개발되어지고 이 프로그램들을 통해 사회활동에 참여할 수 있는 자립의 기회가 마련되어지기를 바랍니다.

제3절 실습종결평가서 작성 사례

1. 실습종결평가서 작성 사례 1

작성 사례 1은 실습목표에 대한 정확한 평가를 세부적으로 잘 표현하였다. 세부목표 계량화시켜 측정 가능 하도록 척도를 만들어 사용한 것이 효과적인 평가를 할 수 있다.

표 10-5 실습자기평가서 작성 사례 1

실습종결평가서

실습생명	○○○	기관명	○○○ 종합사회복지관
실습기간	2011. 7. 4. ~ 2011. 7. 29.	실습지도자	○○○ 사회복지사
실습평가일	2011. 7. 29. 금.	실습지도교수	○○○ 교수님

1. 실습일정에 대한 평가

학부생의 실습일정은 4주로 운영되어, 1주차에는 학부 실습생과 대학원 실습생이 함께 복지관에 대한 전반적인 이해를 위해 공통교육이 진행이 되었다. 그리고 2주차부터는 각 팀별 실습을 진행하였다.

1주차에 진행된 공통교육의 내용으로는 각 팀별 사업 소개 및 체험과 함께 프로그램 개발과 평가, 자원개발, 사례관리, 기관 행정 및 기록, 가족상담 등 사회복지 사업을 할 때 기본적으로 갖추어야 할 지식에 대해 점검할 수 있는 시간이었다.

2주차부터 팀별 실습으로 진행되어 지역복지팀은 모금 활동에 대한 실습을 하였다. 후원 관련 영상을 시청하고 이에 대해 토론하였으며, 온라인 모금 사이트 사전조사를 진행하였다. 그리고 이를 바탕으로 모금 프로그램 계획서를 작성하고 온라인 모금함을 개설하였다.

3주차에는 계획서를 바탕으로 온·오프라인에서의 홍보하는 활동을 진행하였다.

4주차에는 ○○○ 재단 기관 방문과 후원자 인터뷰를 하였다.

공통교육을 통해 종합사회복지관의 이해 및 사회복지 사업에 있어서 기본적으로 갖추어야 할 지식을 점검할 수 있는 시간이었다. 본격적으로 프로그램을 진행하기에 앞서 교육 및 사전조사를 통해 프로그램을 구상하고 계획하는데 고려해야 할 부분에 대한 생각의 폭이 넓어졌으며, 이를 바탕으로 프로그램을 진행하니 도움이 많이 되었으며, 경험으로 채울 수 없는 부분을 기관방문과 후원자 인터뷰를 통해 채울 수 있어 폭넓은 경험과 지식을 쌓는데 많은 도움이 되는 실습일정이었다.

2. 실습내용 및 역할에 대한 평가

실습시간		실습내용	역 할
1차	7월4일 (월)	4주 동안 이루어질 실습에 대한 전반적인 오리엔테이션을 하고, 기관을 이해하기 위하여 기관의 각 팀별 소개 및 사업에 대해 설명을 듣고 기관라운딩을 하였다.	실습 오리엔테이션을 통해 실습과정을 알고, 기관 및 사업소개를 통해 기관에 대해 이해한다.

실습시간		실습내용	역 할
2차	7월5일 (화)	실습 1주에는 공통교육으로 학부, 대학원 실습생이 함께 교육을 받는다. '지역사회복지관의 현황과 과제'에 대한 공통세미나 준비를 하고, 프로그램 개발과 평가 교육을 통해 실제 목적 및 목표를 세워보는 실습을 하였다. 지역복지팀 실습에 앞서 '자원개발의 이해'와 '주민조직화'에 대한 교육을 받고, 실제로 지역을 조사하며 지역 자원지도를 그려보는 실습을 하였다.	공통세미나 준비를 위하여 주제에 따른 세부주제 및 대상을 선정하여 역할을 나눈다. 교육내용을 이해하고 교육에 따른 실습활동에 적극적으로 참여한다.
3차	7월6일 (수)	'사례관리의 이해'에 대한 교육을 받고 실제 사례를 가지고 케이스컨퍼런스를 진행하였다. 총무기획팀을 체험하기 위해 총무기획팀에서 다루는 문서작업을 하였다. '기관행정과 기록의 이해'에 대한 교육과 함께 과정기록에 대하여 실습을 하였다. 나눔 컨퍼런스를 시청하고 토론을 하였다.	교육내용을 이해하고 교육에 따른 실습활동에 적극적으로 참여한다. 나눔에 대한 시각교정을 한다.
4차	7월7일 (목)	'가족상담의 이해' 교육을 통해 가족상담에 대한 전반적인 이해를 하고 실습생들끼리 각자 상담자, 내담자, 관찰자가 되어 상담실습을 하였다. 재가복지팀을 이해하기 위하여 경로식당의 업무를 체험하였다. 공통세미나를 위하여 팀별 준비를 하였다.	교육내용을 이해하고 교육에 따른 실습활동에 적극적으로 참여한다. 공통세미나 준비에 있어서 각자 맡은 부분의 자료를 조사하고 토론한다.
5차	7월8일 (금)	'지역사회복지관의 현황과 과제'를 주제로 공통세미나를 진행하였다. 가족복지팀을 이해하기 위하여 교육공동체 아동들과 함께 체육활동을 하였다.	지역사회복지관의 현황과 과제에 대해 이해하고, 이에 따른 개인적인 의견을 정립한다. 교육공동체 아동들과 유대를 형성한다.
6차	7월11일 (월)	실습 2주부터는 각 팀별로 실습이 진행되어 지역복지팀의 실습 일정에 따라 실습을 하였다. 온라인 모금을 진행하기 위해 온라인 모금사이트 사례조사를 하고, 진행할 온라인 모금을 계획하기 위해 프로그램 계획서를 작성하였다.	온라인 모금에 대해 이해하고, 잘 된 사례와 그렇지 못한 사례를 찾아봄으로써 직접 진행하게 될 온라인 모금에 대한 계획을 세운다.
7차	7월12일 (화)	온라인 모금 프로그램 계획서를 작성하고, 오프라인 모금 홍보 캠페인을 할 장소에 방문하여 적합한 장소를 견학하고 장소대여 절차에 대해 알아보았다.	온라인 모금 프로그램 계획서를 작성한다. 오프라인 모금 홍보 캠페인 장소를 알아본다.

실습시간		실습내용	역 할
8차	7월13일 (수)	프로그램 계획서를 최종 수정하였다. 온라인 모금을 진행하기 위한 사례를 선정하고, 온라인 모금함을 개설하기 위한 구상을 하였다.	프로그램 계획서를 완성한다. 온라인 모금함을 구상한다.
9차	7월14일 (목)	CO 학습조사 세미나에 참여하고, 지역주민조직화에 대한 이해를 더하기 위해 주민조직화의 현장에 계신 주민을 만나서 인터뷰를 하였다.	실천현장에서의 CO에 대한 이해를 한다. 인터뷰를 통하여 지역주민조직화에 대해 이해한다.
10차	7월15일 (금)	온라인 모금함을 완성하여 NAVER 해피빈에 개설하고, 온라인 모금함 홍보를 하였다.	온라인 모금함을 완성하여 개설하고, 온라인 홍보를 한다.
11차	7월18일 (월)	중간평가회를 진행하여 실습과정을 평가 및 점검하였다.	중간평가서를 작성하여 평가회를 한다.
12차	7월19일 (화)	온라인 홍보를 진행하면서 오프라인 모금 홍보 캠페인 준비를 하였다.	계획서를 바탕으로 홍보를 진행한다.
13차	7월20 (수)	온라인 홍보를 진행하면서 오프라인 모금 홍보 캠페인 준비를 하였다.	계획서를 바탕으로 홍보를 진행한다.
14차	7월21일 (목)	온라인 홍보를 진행하면서 오프라인 모금 홍보 캠페인 준비를 하였다.	계획서를 바탕으로 홍보를 진행한다.
15차	7월22일 (금)	오프라인 모금 홍보 캠페인을 진행하였다.	세부사업계획서를 바탕으로 홍보를 진행한다.
16차	7월25일 (월)	모금 프로그램을 평가하는 평가회를 진행하였다. 해피빈 재단에 방문하였다.	계획과 실제 진행과정을 고려하여 평가회를 한다. 질문지를 작성하여 해피빈 재단에 방문한다.
17차	7월26일 (화)	모금 프로그램 평가회를 바탕으로 평가서를 작성하였다.	평가회의 내용을 정리하여 평가서를 작성한다.
18차	7월27일 (수)	후원자 인터뷰를 하였다.	사전에 인터뷰 질문을 준비하여 인터뷰를 진행한다.
19차	7월28일 (목)	실습종결발표회를 준비하였다.	발표를 구상하고 팀원이 역할을 나누어 발표준비를 한다.
20차	7월29일 (금)	종결평가회 및 종결발표회를 진행한다(실습예정).	종결평가서를 작성하여 종결평가회를 진행한다. 준비한 종결발표회를 진행한다.

공통교육이 진행되었던 시간을 통해 종합사회복지관에 대해 전반적으로 이해할 수 있었으며, 실천에 앞서 이론교육을 진행하여 기본적인 지식을 정리할 수 있는 시간이었다. 그리고 공통교육과 함께 타 팀을 체험하면서 종합사회복지관의 전반적인 사업을 경험해 볼 수 있었다.

팀별 실습으로 나누어지면서 지역복지팀 사업에 집중할 수 있었으며, 지역복지팀 실습의 주된 내용인 모금 활동을 진행하였다. 사전 교육 및 조사를 통해 모금에 대해 생각을 전환할 수 있었고, 기본적인 지식도 쌓을 수 있었다. 이를 바탕으로 체계적이며 계획적으로 프로그램을 진행할 수 있었다.
직접 모금 프로그램을 계획하고 진행하면서 더욱 알고 싶은 지식을 채우기 위하여 해피빈 재단에 방문하여 온라인 모금에 대한 폭넓은 이해를 할 수 있었고, 직접 후원자를 만나서 인터뷰를 함으로써 후원자의 입장에서 모금활동을 고민해 볼 수 있는 시간이었다.
이렇게 4주간의 실습을 진행하며 모금활동, 특히 온라인 모금활동을 진행하면서 평소에 경험하지 못했던 실습을 할 수 있어서 더욱 유익한 경험이었다. 하지만 흔히 경험할 수 없는 실습이었기에 사전에 이론 교육이 더욱 풍부하게 진행되었다면 프로그램을 진행하는데 더 많은 도움이 될 것이라고 평가한다.

3. 실습목표에 대한 평가

1) 구체적이고 적절한 목표 설정 여부

실습을 통하여 성취하고자 하는 목적은 사회복지이론을 실무에 적용하는 과정을 통하여 전문적인 기술을 습득하며 전문 사회복지사로서의 자질을 향상시키는 것이다.
이를 위한 장·단기 목표는 다음과 같다.

장기목표	(1) 지역복지 실습을 통해 경험한 것을 토대로 사회복지 분야 가운데 나의 강점에 부합하는 분야를 확정하고 관련된 진로의 방향을 탐색한다.
	(2) 실습에서 배우고 경험한 것을 바탕으로 전문적 실천능력을 향상시켜 사회복지사로 기관에 취업을 한다.
단기목표	(1) 실습과정을 통해 예비사회복지사로서 실천기술을 익힌다. (1)−1. 클라이언트를 이해하며 상담하기 위한 상담기술을 익힌다. (1)−2. 프로그램을 기획하는 프로포절을 실현가능하게 작성하는 능력을 기른다. (1)−3. 기안작성, 회계실무 등 행정체계를 이해하고 이를 위한 문서작업 능력을 배운다.
	(2) 예비사회를 경험하며 그 안에서 이루어지는 인간관계를 유지하고 향상시킨다. (2)−1. 기관 사회복지사 및 관계자 분들과 원만한 관계를 유지한다. (2)−2. 실습 동기간의 유대를 형성한다.

실습을 진행하기 전에 실습 목적 및 목표를 수립하여 실습을 진행하는데 있어서 이에 부합하게 진행할 수 있었다. 특히 목표를 세분화하여 실습을 통해 달성하고자하는 부분을 명확하게 파악하고 이를 바탕으로 실습을 진행할 수 있었다.

2) 목표의 달성 여부

위와 같은 실습목표를 달성하기 위한 구체적인 계획을 수립하여 학교에서 배운 이론을 숙지하고 이론과 실천이 함께하는 실습을 진행하였다. 구체적인 계획은 다음과 같다.

(1)−1 목표를 달성하기 위해

−사례관리 과목을 재학습한다.
−인테이크지 작성법을 숙지한다.
−가계도, 생태도 작성법 및 활용기술을 익힌다.

(1)−2 목표를 달성하기 위해

-공동모금회 당선 프로포절 5개를 정독한다.
-프로포절을 정독하면서 프로포절 작성법을 익힌다.
-과제로 작성했던 본 실습생의 프로포절과 당선 프로포절을 비교하여 부족한 부분을 파악한다.

(1)-3 목표를 달성하기 위해
-각 부서별 행정업무에 무엇이 있는지 파악한다.
-기안작성법 및 문서작업법을 익힌다.
-복잡한 회계를 이해를 위해 프로포절의 예산책정 부분을 보고 현실적인 예산 파악 능력을 기른다.

(2)-1 목표를 달성하기 위해
-항상 밝은 모습으로 인사하며 성실한 태도로 실습에 임한다.
-모르는 부분이 있으면 많이 여쭤보고 배운다.

(2)-2 목표를 달성하기 위해
-오프라인뿐만 아니라 온라인에서도 많은 교류를 한다.
-실습기간동안에 서로 협력하여 주어진 과제를 수행한다.

목표 번호	목 표	매우 그렇지 않다 (20%)	그렇지 않다 (40%)	보통이다 (60%)	그렇다 (80%)	매우 그렇다 (100%)
(1)-1	사례관리 교육 시 내용의 전반을 이해했습니까?					○
	인테이크지 양식을 채우는데 어려움이 없었습니까?				○	
	가계도, 생태도 작성법 및 활용기술을 익혔습니까?				○	
(1)-2	공동모금회 당선 프로포절 5개를 정독하였습니까?			○		
	프로포절 작성을 할 수 있습니까?			○		
	당선 프로포절과 실습생 프로포절을 비교분석하여 부족한 부분을 배웠습니까?			○		
(1)-3	각 부서 행정업무 내용을 파악하였습니까?					○
	기안작성법 및 문서작성법을 익혔습니까?				○	
	현실적인 예산책정 방법을 길렀습니까?			○		
(2)-1	출퇴근 시 매일 인사를 잘 했습니까?					○
	완벽한 출석을 했습니까?					○
	주어진 과제를 기한 안에 완벽하게 작성하여 제출하였습니까?					○
	모르는 부분, 학습하고자하는 부분에 대해 질문을 하였습니까?					○
(2)-2	싸이월드 일촌 또는 네이트온 친구가 되었습니까?					○
	협동과제 시 소통을 하며 과제를 수행했습니까?					○

(1)-1. 클라이언트를 이해하며 상담하기 위한 상담기술을 익히는 목표는 모금활동을 중점적으로 하는 이번 실습에서 실제적으로는 경험하기 어려운 부분이었다. 하지만 사례관리 공통교육을 통해 상황을 설정하여 인테이크를 진행하였으며, 가족상담 공통교육을 통하여 상담의 실제적인 부분도 경험할 수 있었다. 그리고 주민조직화에 참여하시는 지역주민과 기관 후원자를 만나서 인터뷰를 하는 시간을 통해서 사례관리를 할 수 있는 것은 아니었으나 대화를 유도해내는 능력을 기를 수 있었다.

(1)-2. 프로그램을 기획하는 프로포절을 실현가능하게 작성하는 능력을 기르는 목표를 위하여 공통교육에서 진행되는 프로그램 개발과 평가 과목에 집중하여 학습을 하였다. 그리고 교육을 통하여 부족하다고 느꼈던 목적 및 목표 수립을 실제로 해 보면서 부족한 부분을 다시 배울 수 있었다. 또한 모금 프로그램 계획서를 작성하므로 완전한 형식의 프로포절은 아니었으나 이로 인해 프로포절 작성법을 다시 학습할 수 있었다. 하지만 계획했던 당선 프로포절을 정독하는 것은 3개의 프로포절을 읽었고, 본 실습생의 프로포절과 비교하는 작업은 목적과 목표 부분만 비교하였다.

(1)-3. 기안작성, 회계실무 등 행정체계를 이해하고 이를 위한 문서작업 능력을 배우는 목표를 위해 공통교육에서 진행되는 기관 행정 교육에 집중하였으며, 또한 총무팀 체험을 통해 다수의 기안을 열람함으로써 개괄적으로나마 이해할 수 있었다. 하지만 실제로 기안을 작성하는 경험은 하지 못하여 이에 대한 능력을 길렀다고 평가하기는 어려우며, 예산을 세우는 것 또한 간단한 예산정도만 세워보았으므로 현실 가능한 예산을 세우는 것에 있어서 아직은 어려움이 있다.

(2)-1. 기관 사회복지사 및 관계자 분들과 원만한 관계를 유지하기 위하여 항상 밝은 모습으로 인사를 하고 유대를 형성하기 위해 식사를 함께 하는 등의 노력을 하였다. 그리고 맡겨진 역할과 기본적으로 실습생이 준수해야 하는 사항을 지키며 실습에 임했다.

(2)-2. 실습 동기간의 유대를 형성하기 위하여 네이트온과 카카오톡에서 온라인 교류를 하였다. 그리고 협력과제 시 자신이 맡은 역할을 책임감 있게 해내고 서로의 강약점을 고려하여 일을 배분하는 등 실습과제 및 과정이 원활히 진행될 수 있도록 서로 노력을 하였다.

4. 서비스 실천과정에 대한 평가 / 정책 및 행정 실습에 대한 평가

1) 문제 파악 및 자료수집 능력 / 문제 인식 능력

모금활동이라는 특별한 실습과정을 진행하기 위해서 이에 앞서 모금활동에 대한 이론적인 부분이 부족함을 인식하였다. 모금활동의 개념, 종류, 대상, 홍보방법, 실천방법 등에 대해 이론적 부족함을 느꼈고, 특히 온라인 모금이라는 생소한 개념에 있어서 사전조사 및 교육이 필요함을 인식하였다. 또한 평소에 후원 및 모금에 관심이 많았지만 이에 대한 본 실습생의 개인적인 의견을 정리하고 수립할 필요성을 느꼈다.

2) 문제 사정 능력 / 문제 분석 능력

모금활동을 계획하는 단계에서 이론적으로 부족함을 파악하였다. 이를 미리 파악하지 못하여 계획서를 작성하고 프로그램을 진행하는데 어려움이 있었다. 그리고 온라인 모금을 이해하기 위해서는 네이버 해피빈, 다음 희망해, 야후 나누리, G마켓 후원상품을 사전 조사하여 전반적인 내용 및 진행과정을 알 수 있었다.

모금에 대한 개인적인 의견 수립을 위해 나눔 컨퍼런스를 시청하고 이를 바탕으로 팀원들과 토론을 하였으며 컨퍼런스 일지를 작성하므로 정리할 수 있었다.

3) 개입 기술 / 문제해결을 위한 대안제시능력
모금활동에 대한 이론교육을 사전에 진행 했다면 더욱 유익했겠으나, 진행 중에 파악을 하여 반대로 경험을 통해 현실적으로 부족하다고 느끼는 이론을 학습하는 계획을 세웠다. 그리고 이론교육도 중요하지만 실제로 온라인에서 성공한 모금함 사례를 분석할 필요성을 느끼고 모금함을 개설하기 전 성공사례와 실패사례를 찾고 분석하였다.

4) 면접 기술 / 기존지식과 정보의 사용능력
모금 특히 온라인에서 진행되는 모금에 대해 접해본 경험이 없어 기존지식이 전무한 상태였다. 그래서 이런 상황에서 이론적 교육의 필요성을 느끼고 이를 학습하는 것이 최선이라고 생각하여, 모금 관련 논문을 찾아보았다. 하지만 정보습득 능력의 부족으로 온라인 모금에 관련한 논문을 찾지 못하였다. 하지만 팀원들끼리의 서로의 정보와 지식 및 가치관을 공유하면서 부족한 부분을 채울 수 있었다.

5) 기록 기술 / 기록 기술
모든 사업을 진행할 때 계획서를 작성하는 것으로 시작하여 진행과정을 기록하고 평가서를 작성하는 것으로 마무리를 하기 때문에 실습의 전 과정에서 기록하는 것의 중요성을 깊이 깨달을 수 있었다. 하지만 중요성에 비해 능력의 부족함을 느꼈다. 특히 계획서를 작성하는데 있어서 목적 및 목표 수립 부분에서 각 항목별 수준을 맞추는 부분에서 어려움이 있었다. 이는 평가서를 작성할 때에도 동일하게 어려움을 겪었다.

6) 클라이언트와의 전문적인 관계 형성 / 유관 기관 및 관련된 사람들과 전문적인 관계 형성
○○○을 이용하여 모금활동을 진행하면서 ○○○에 대해 많이 배우기도 했지만 홈페이지만으로는 파악하기 어려운 정보 및 지식이 있었다. 이를 위해 직접 ○○○ 기관에 방문하여 사전 질문 목록을 통한 질의응답 시간을 통해 많은 도움이 되었지만 전문적인 관계를 형성하기에는 부족했다.

5. 실습생의 자원활용에 대한 평가(인적, 물적 자원)

1) 기관 외의 자원활용
실습을 진행하기 위해 필요한 자원을 동원하기 위하여 학교 교수님과 이전 실습지, 그리고 봉사활동을 나가는 복지관의 자원을 활용하였다. 학교 실습 세미나를 통하여 실습에 대한 전반적인 이해 및 타기관 실습생들과 의견을 공유하고 교수님께서 전반적인 피드백을 해주시면서 실습 과정에 있어서 많은 도움이 되었다. 그리고 이전에 실습을 했던 자료를 참고함으로 한층 더 발전된 기록 및 과제를 수행할 수 있었고, 현재 진행 중인 봉사활동 기관의 선생님들께 조언을 구하며 실습생의 역할을 하는데 도움을 얻을 수 있었다.
그리고 모금활동을 진행하는데 있어서 학교와 교회 친구들에게도 진정성을 담아 홍보하면서 모금을 하는데 많은 도움이 되었다. 더불어 이들이 또 주위 사람들에게 홍보를 해주는 효과도 얻을 수 있었다.

2) 실습과 관련된 참고서적의 활용
실습을 하기에 앞서 실습의 원활한 진행을 위해 사례관리와 프로그램 개발에 대한 서적을 찾아서 전 부분을 다 읽지는 못하였지만 평소에 부족함을 느끼는 부분을 선정하여 미리 학습할 수 있었다.
- 정순돌(2010). 사례관리실천의 이해. 서울 : 학지사
- 이봉주·김기덕(2009). 사회복지 프로그램 기획의 이해와 적용. 서울 : 신정

그리고 모금활동에 대해 이론적 부족함을 채우기 위하여 관련 논문을 찾아서 열람하였다.
- 이준모(2008). 비영리조직의 모금에 있어서 마케팅과 커뮤니케이션 요소 분석. 경희대학교 학사학위논문

6. 실습에 임하는 자세에 대한 평가

1) 업무관리

(1) 시간 준수, 과제제출

실습과정에 있어서 시간 준수를 기복적으로 지키기 위하여 노력하였다. 그래서 출퇴근 시간을 준수하였다. 9시까지의 출근을 위해 10분 전에 도착하여 실습을 준비하려고 노력하였으며, 6시에 퇴근을 하여 4주간 실습과정 중 지각, 결석, 조퇴 없이 완벽한 출석을 하였다. 그리고 과제 제출에 있어서 다음날 출근하기 전까지 제출하는 것을 원칙으로 하여 모든 과제를 제 시간에 제출하였다.

(2) 주어진 일에 대한 업무조절 능력

실습생들 중에 반장의 역할을 하면서 수퍼바이저와 실습생 간의 소통해야 할 부분에 있어서 책임감 잇게 역할을 하였다. 또한 팀원들 안에서는 각자의 강약점을 고려하여 서로 배려하고 도우며 협력하고 역할분담을 하여 모든 과제를 진행하였다. 그래서 어느 한 사람에게 업무가 과중되지 않도록 조절하며 임하였다.

2) 직원과의 관계(실습지도자, 타직원, 타 전문직 직원)

수퍼바이저 및 다른 사회복지사 선생님들과 유대를 형성하기 위해 항상 밝은 모습으로 인사를 하는 것을 기본으로 적극적으로 행동하고자 하였다. 실습생으로서 기관 직원이 어려운 대상이기는 하지만 사회생활의 경험이라 생각하여 더욱 적극적으로 행동하였다. 비록 깊은 대화를 나누고 유대관계를 형성한 것은 아니지만 점심시간에 함께 식사를 하거나, 출근시간에 우연히 만나 기관에 함께 오거나 하는 등의 짧은 대화를 통해 본 실습생의 존재는 알릴 수 있었다고 생각한다.

하지만 라운딩 실습이 아닌 팀별 실습이기에 다른 팀의 사회복지사 선생님을 만나서 이야기를 할 수 있는 시간은 많이 부족했다. 특히 기관 구소상 지역복지팀만 3층에 위치하기 때문에 다른 사회복지사 선생님들과 마주치는 기회도 많이 않았다. 하지만 실습실이 지역복지팀 사무실 안에 위치하여 지역복지팀 사회복지사 선생님들과는 비교적 많이 가까워진 것 같다.

그리고 사회복지사 선생님들 또한 실습생을 존중해주시고 지지해주셔서 단순히 실습생 수준보다 높은 수준의 소속감을 가질 수 있었다.

3) 다른 실습생과의 관계

실습동기와의 관계를 형성하기 위해서도 노력하였다. 오프라인뿐만 아니라 온라인에서도 교류를 하려고 노력하였다. 특히 팀별 실습으로 나누어지는 2주차부터는 교류가 활발하지 않았지만, 아침 조회 시간을 통해 서로의 일정을 공유하며 다른 실습과정에도 관심을 가졌고, 쉬는 시간 및 점심시간을 이용하여 틈틈이 실습동기들 간에도 관계 형성을 하였다.

지역복지팀 실습생 3명은 수퍼바이저님의 의견으로 성향이 다 다르다고 하셨다. 우리 또한 함께 업무를 하면서 느낀 부분이다. 하지만 서로의 강점과 약점을 파악하고 고려하여 업무 분담을 하였으며, 이에 각자 책임감 있게 임하므로 업무를 원활하게 진행할 수 있었다.

그리고 개인적으로 상대방을 칭찬하고 지지하는 유대관계 기술을 활용하여 실습동기가 지쳐있거나 힘들어 할 때에 격려하고 함께 의견을 공유하는 등의 노력을 하였다.

4) 실습에 있어서의 적극성 및 자발성

밝고 활발한 성격이지만 소극적인 성격도 조금은 가지고 있는데, 이번 실습에서는 반장이라는 자리 때문인지 모든 일에 있어서 적극적으로 임해야겠다는 생각이 들어서 많은 부분에 있어서 자발적이고 적극적으로 임할 때가 많이 있었다. 그러면서 팀원 간의 의견을 조율할 때에는 서로의 의견을 존중하며 배려하는 모습으로 임하였다.

그리고 사무실과 가까운 실습장소의 이점을 이용하여 잘 모르는 부분에 있어서 적극적으로 질문을 하였다.

7. 전문적 태도에 대한 평가

1) 사회복지사로서 실습생 자신의 장·단점에 대한 인식

사회복지사로서의 장점으로는 첫째, 사람을 대하는 사회복지사로서 낯가림이 없고 밝은 모습으로 사람들에게 다가가는 것이 있다. 그래서 기관 사회복지사 선생님 및 직원들, 그리고 실습동기에게도 먼저 다가가는 모습을 보였으며, 모금활동을 할 때에도 담당자를 만나거나 전화통화를 할 때와 지역주민을 만나는데 어려움 없이 진행할 수 있었다. 둘째, 다양한 실습 경험이 있다. 편입을 함으로써 사회복지 실습을 3번째 하게 되었고, 보육실습도 2번 하였으며, 다양한 봉사활동을 통해 사회복지뿐만 아니라 다양한 부분에서 많은 경험을 할 수 있었다. 특히 사회복지 실습을 NGO 기관과 종합복지관의 라운딩 실습을 통해 팀별 실습을 진행하는 이번 실습에 많은 도움이 되었다.

단점으로는 감정적인 부분이 있다. 감정적으로 행동을 하기 보다는 감정적으로 생각을 많이 한다. 그래서 어떤 상황이 주어지면 이를 이성적으로 판단하기 보다는 감정이 앞서는 경향이 있다. 사회복지라는 것이 감정 노동이기는 하지만 이성적인 부분과 조화를 이루도록 노력해야 한다고 생각한다. 또한 우유부단한 성격으로 결정을 할 때 어려움이 있는데, 다행이 큰 결정을 할 때에는 이성적 판단과 경험적 판단을 위해 잘 해결하고 있으며, 결정하는 가운에 많은 고민을 하면서 여러 가지 상황을 고려한 선택을 할 수 있고 그 선택에 집중하여 단점을 보완하고 있다.

2) 전문가로서 윤리 및 가치관의 이행

감정적인 성격으로 전문 사회복지사로서 이행해야 하는 부분에 있어서 어려움이 있다. 예를 들어 배고픈 노인이 절차를 생략하고 경로식당에서의 식사 한 끼를 요구할 때, 너무나도 당연하게 우선은 드리고 절차를 밟아야 하는 것이 맞다고 생각하였다. 하지만 사회복지사는 자선가가 아니며, 경로식당이 운영되는 것은 공적인 재정이고 이는 정해진 인원에게 사용되는 것이 합당한 것이기에 절차를 먼저 밟고 식사를 제공하는 것이 바람직하다고 배웠다. 이러한 내용이 이해는 되지만 감정이 앞서는 것이 사실이다. 다행이도 이번 실습에서는 이러한 문제는 없었지만 현장에 나가기 전에 전문 사회복지사로서 감정적인 부분을 조절할 필요성을 느낀다.

8. 실습지도 활용 정도에 대한 평가

1) 실습생 자신의 실습지도 활용정도에 대한 평가

(1) 기관 실습지도

1주차에 이루어진 오리엔테이션 및 공통교육을 통해 종합사회복지관 및 본 기관의 사업 및 전반적인 상황에 대해 이해할 수 있었다. 그리고 각 팀의 체험을 통하여 팀별실습에서 경험할 수 없는 다양한 경험을 할 수 있었다. 그리고 이때 교육 자료를 잘 모아서 정리를 하였다.

그리고 과제 및 개인에게 주어진 수퍼비전을 분석하여 본 실습생의 강점과 약점을 파악하기 위해 노력하였다.

(2) 대학 실습지도

학교 교수님의 도움으로 실습 전에 신청서 작성부터 점검을 받을 수 있었고, 실습 기간 중에 이루어지는 실습수업을 통해 본 기관뿐만 아니라 타 기관에 대해서도 알 수 있었고, 이런 수업을 통하여 여러 시스템의 실습 과정을 간접적으로 경험할 수 있었다. 또한 교수님이 주시는 개인적인 수퍼비

전을 통해 실습 과정에서 실습생으로서 어떻게 임해야 하는지에 대해 배울 수 있었다. 또한 같이 수업을 듣는 학교 동기들과 의견을 공유하면서 서로에게 조언을 해주고 어려운 점에 대해 서로의 경험을 바탕으로 의견을 제시해 주는 등의 동료 피드백을 받을 수 있었다.

2) 실습지도 자체에 대한 평가

(1) 기관 실습지도

기관의 실습은 지침서로 작성되어 시스템의 구성이 잘 되어 있다고 생각한다. 그래서 계획 하에 주어진 일정을 진행하며, 이때 실습생의 의견도 반영하여 중간에 동의하에 실습의 과정을 변경해 주는 등의 노력이 있었다. 그리고 온라인 모금이라는 새로운 분야에 대해 경험하는 좋은 기회였으나 이에 대한 이론적 교육이 부족함은 아쉬운 점이다.

전반적으로 기관의 실습지도에 있어서 만족하며 이번 실습을 바탕으로 다음 실습이 더욱 짜임새 있게 구성될 것이라고 생각한다.

(2) 대학 실습지도

대학 실습지도에서 가장 부족한 점이 있다. 실습지를 선정하는 데에 있어서 도움을 받기가 어려운 점이다. 실습 시스템이 잘 갖추어져 있는 기관에서 실습을 하는 것이 실습생으로서 많은 도움이 된다고 생각하는데 대학 차원에서 그러한 기관 추천이 이루어지지 않아 실습을 하는 중에 어려움을 호소하는 학생들이 있었다. 이때 본 실습생은 교수님께 조언을 구하여 실습 시스템이 잘 구성되어 있는 곳을 알 수 있었고 그 중 한 곳인 이대성산을 선정하고 실습생이 되어 실습을 할 수 있었다.

9. 기관 이해도에 대한 평가

1) 실습생의 과업과 관련된 기관의 목적, 정책, 행정 절차에 대한 이해

지역복지팀 실습의 과업은 모금 활동이다. 이에 대한 목적으로는 인적, 물적 자원을 개발하고 나눔의 기회를 제공하는 것이다. 이에 따라 계획서를 작성하고 온라인 모금함을 개설하여 온·오프라인에서 홍보활동을 하는 것이다. 기본적인 절차는 기관에 구축되어 있는 매체를 활용하여 진행하였지만 온라인 모금 활동이 기관차원에서도 활발히 진행되고 있는 상황이 아니라서 기관의 행정 절차를 익히기 보다는 실습생들만의 과정을 만들어 나가는 시간이었다고 생각한다.

2) 실습생으로서의 기관 내의 권한과 한계에 대한 인식

실습생이라서 기관 내의 권한과 한계를 느끼기 보다는 실습생이라는 틀 안에 스스로 갇혀 있었다. 그래서 오히려 수퍼바이저님께서 더 많은 권한을 누릴 수 있도록 본 실습생의 역량에 따라 실습이 진행될 수 있게 해 주셨다.

10. 실습 기간 중 가장 유익했던 내용

평소에 후원 및 모금활동에 관심이 많았는데, 이번 실습을 통해 모금 분야에 대해 이해하고 특히 많이 알려져 있지 않은 온라인 모금이라는 특별한 경험을 할 수 있어서 특별한 실습이었다. 관심은 많았지만 참여와 지식은 부족했었는데, 이번 실습을 통하여 적은 금액이 모여 큰 도움을 만들 수 있음을 느꼈고, 이렇게 되기 위해서는 홍보를 전략적으로 해야 함을 절실히 느낄 수 있었다. 이런 여러 가지 경험이 앞으로 실천현장에서 모금 활동을 진행하게 될 때 좋은 발판이 될 것이라고 생각한다.

또한 공통세미나를 통하여 종합복지관에 대한 개인적인 생각을 정립할 수 있었다. 복지관의 역할과 그 안에서 특히 지역복지팀은 어떤 역할을 해야 하는지에 대해 고민하고 자료를 준비한 것이 종합복지관을 이해하는데 더 많은 도움이 되었다. 이런 개인적인 생각을 바탕으로 사업을 구상해보는 것도 좋은 경험이 될 것이라고 생각한다.

11. 실습기간 중 가장 힘들었던 내용
실습이 전반적으로 흥미 있게 이루어지기는 하였으나 모금활동이라는 생소한 분야의 실습이 쉽지만은 않았다. 특히 이에 대해 이론적 지식 및 경험이 전혀 없기에 더욱 어려움이 있었다. 그러다보니 계획서를 작성하는 것부터 일정이 지연되었다. 중심을 잡지 못하고 생각이 방황하는 시간이 길어서 다소 지치는 경향이 있었지만 진행해 나갈수록 온라인 모금에 대해 조금씩 이해를 할 수 있어서 원활하게 프로그램을 계획하고 진행할 수 있었다.
또한 아직 온라인 모금이 활발하게 진행되고 있는 것이 아니므로 이에 대한 성공적인 사례를 분석하는 것도 어려웠다. 좋은 사례를 발견하고 어떻게 홍보를 하였는지 알아보고 싶었으나, 그런 사례를 찾는 것조차 쉽지 않았다. 그래서 홍보방법이 전략적으로 짜여지지 않아 홍보한 양에 비해 모금액 달성 수준이 저조하니 개인적으로 사기가 많이 떨어졌었다. 하지만 적은 금액들이 조금씩 모이는 모습에 감사함을 느끼며 그 소중함을 느낄 수 있었다.

12. 실습 기관, 실습 지도자, 대학에 대한 건의사항
실습 기관 및 실습 지도자에게 건의할 점으로는 수퍼바이저 및 다른 사회복지사들과의 유대 관계를 형성할 수 있는 장이 마련되었으면 하는 것이다. 물론 이는 본 실습생이 적극적으로 노력을 해야 하는 것도 있지만, 기본적인 인프라가 갖춰졌을 때 가능하다고 생각한다. 짧은 기간 동안에 많은 사람들과 유대를 형성하는 것은 어렵겠지만 온라인이라는 매체가 구축되어 있으니 그 안에서라도 활발히 교류가 이루어질 수 있다면 더욱 가까운 관계를 형성할 수 있을 것이라고 생각한다.
대학에 건의할 점으로는 실습 수업이 짜임새 있게 구성이 되었으면 하는 것이다. 현재 본 대학의 실습 수업은 형식적인 수업이며, 이를 통해 많은 것을 배우기에는 부족하다고 생각한다. 특히 실습지를 선정할 때부터 대학 차원에서 학생들이 실습 시스템이 잘 갖춰져 있는 곳에서 실습을 할 수 있도록 기본적인 정보를 제공해야 한다고 생각한다.

13. 기타 하고 싶은 말
실습이라는 것이 쉬운 과정은 아니기에 늘 힘들고 어렵지만 이번 실습은 본 실습생에게 다방면에서 유익한 실습이었다. 구성지게 갖추어진 실습 시스템으로, 평소에 관심이 많던 후원 및 모금 분야에 대해 실습을 하면서 힘든 순간보다 흥미 있게 배움을 채워가는 시간이 훨씬 더 많았다고 생각한다. 특별한 경험할 할 수 있게 해 주신 것에 감사하며, 항상 지지해주심으로 실습에 더욱 열정을 가지고 임할 수 있었다.
4주간 관심가져 주시고 수퍼비전 해주시면서 늘 가르침을 주신 신수정 수퍼바이저를 비롯하여 이대성산 종합사회복지관의 모든 선생님들께도 감사의 인사를 전하고 싶다.
이번 실습을 통해 전문 사회복지사로서의 기술과 역량을 키울 수 있었으며 이를 잘 반전하여 현장에서 바르게 실천하는 사회복지사가 되어야겠다.

14. 실습지도자 의견(평가회 내용 반영하여 실습생이 작성)

2. 실습종결평가서 작성 사례 2

실습종결평가는 수행했던 실습과정을 평가하는 것도 중요하지만 이를 바탕으로 앞으로 나의 미래를 설계하는 바탕이 되기도 한다. 그러므로 평가 자체가 힘든 작업이지만 최선을 다해서 평가를 해야 한다. 사례2에서는 평가서 이지만 평가내용이 없으며 기술만 되어 있다. 특히 실습초기에 세웠던 목표와 하위목표를 제시만 했을 뿐 그 목표가 어떻게 달성되었는지에 대한 평가가 없다.

표 10-6 실습자기평가서 작성 사례 2

실습종결평가서

실습기관 : ○○ 요양원
실 습 생 : ○○○
수퍼바이저 : ○○○ 국장

1. 기관소개
   1) 소재지 : 서울 ○○구 ○○동
   2) 주요사업 및 프로그램
      (1) 클라이언트 및 대상 지역
      성인 중증 지적 장애인들이 지역사회와 자연스럽게 어울리며 살아갈 수 있도록 함
      ① 이용대상 및 대상자 선정기준
      • 이용대상
      성인 중증 지적장애인
      • 대상자 선정기준
      국민기초생활보장수급자
      시설장이 서비스가 필요하다고 인정하는 장애인
      (2) 주요사업

장애인에게 "쉼"이 있는 가정으로, 안정된 "정서"를 지원하는 지지체계 구축

① 사업기본방향
- 잔존능력의 기능 유지 및 회복을 위한 성인기(노년기) 맞춤 서비스 개발 구축
- 이용인 욕구에 부응한 개인별 맞춤서비스로 사례관리 시스템 강화
- 지역사회 내 중증장애인요양시설로서의 사회 통합 기능 확대
- 중증장애인요양시설로서의 서비스 차별화를 통한 최상의 모델 제시 및 구축
- 합리적이고 투명한 시설운영체계 확립

② 구체적인 사업개요

목표 1. 이용인 권리보장을 위한 서비스 개발 구축
하위목표 1. 정상화 이념의 실천을 통한 생애주기별(성인기/노년기) 맞춤 서비스 지원
하위목표 2. 당사자주위에 입각한 인권보장 행동지침서 마련 및 고충처리 시스템 구축

목표 2. 개인별 사례관리 시스템 정착화
하위목표 1. 개인별 기초선 조사 및 이용자 중심의 서비스 재활계획수립(선택권 보장)

하위목표 2. 개인의 욕구반영 및 사례관리를 통한 개별 맞춤(일상생활/사회생활/건강생활 등)서비스 지원

하위목표 3. 개인의 사회성 향상을 위한 다양한 지역사회내 개인/집단 활동 실시

목표 3. 지역사회내 사회통합 기능 확대

하위목표 1. 지역사회내 사회통합(자립생활)및 사회참여 촉진을 위한 다양한 자원 개발

하위목표 2. 지역사회(유관기관)와의 파트너쉽 형성(자원봉사, 결연후원, 사회복지시설 등 연계)

하위목표 3. 지역사회내 신뢰받는 시설로서의 자리매김 구축

목표 4. 장애인요양시설로서의 시스템 확립

하위목표 1. 중증장애인요양시설로서의 역할(정체성) 정립

하위목표 2. 장애인 복지 정책방향에 따른 과제 실현 및 선진 기관 모델 지향

하위목표 3. 성인기 장애인의 조기노화 예방을 위한 인지건강 및 정서적 안정 시스템 개발 구축

목표 5. 시설운영체계 확립

하위목표 1. 거주서비스 기능(환경, 생활, 위생)의 내실화

하위목표 2. 직원의 역량강화를 통한 전문성 향상

하위목표 3. 이용인(직원) 만족 운영 실천 및 사람중심 경영

③ 서비스지원 주요 사업

<table>
<tr><td>1. 사례관리 및 인권보장 시스템 구축</td><td>2. 개인 거주 공간 마련 및 운영</td></tr>
<tr><td>3. 입·퇴소행정 관리</td><td>4. 명절 및 특별행사 지원</td></tr>
<tr><td>5. 원가정 및 후견인 관리</td><td>6. 특성화 사업 지원
(심리안정 / 인지건강 / 치료 및 그룹활동)</td></tr>
<tr><td>7. 사회복지현장실습 및 봉사자 활용 관리</td><td>8. 외부 지원 사업(한화 / 미래에셋 / 메리츠화재)</td></tr>
<tr><td colspan="2">9. 생활실 프로그램 관리(기초 / 학습 / 여가문화 / 사회 / 경제 / 명절·특별행사 / 고충상담)</td></tr>
<tr><td>10. 건강유지 관리 및 정기건강검진</td><td>11. 맞춤형 건강관리 및 입·퇴원 관리</td></tr>
<tr><td>12. 정보(자원공유) 및 건강관리교육</td><td>13. 촉탁의진료 및 외래진료</td></tr>
<tr><td>14. 보장구 제공(관리)및 물리치료실 개방 운영</td><td>15. 노화방지와 건강증진</td></tr>
<tr><td>16. 질환별 물리치료–통증/운동(감각통합)치료</td><td>17. 전염병 예방 및 응급구호</td></tr>
<tr><td>18. 척추측만증 검진 및 치료</td><td>19. 맞춤형 운동관리–메뉴얼 마련</td></tr>
<tr><td colspan="2">20. 비만(만성질환)관리 및 신체활동 관리–신체활동증진프로그램/생활체육프로그램</td></tr>
</table>

* 주요 단위사업

■ 사례관리 기초 시스템 마련

1) 목적 : 이용인의 생애주기와 장애정도를 고려한 맞춤형 서비스 지원을 통해 이용인의 삶의 질을 향상시키고자 한다.

2) 목표

(1) 이용인의 욕구, 생애주기와 장애정도 등을 고려한 개인별 맞춤형 서비스를 체계적이며 지속적으로 지원한다.

(2) 이용인의 단기적 위기사항을 효과적으로 해결한다.

■ 원가정 및 후견인 모임

1) 목적 : 시설입소로 약화된 가족의 기능이 유지, 강화될 수 있도록 원가정 및 무연고 장애인의 후견인(옹호자)과의 지속적인 유기적 관계를 통하여 이용인의 권리와 인권을 강화 하고자 한다.

2) 목표

(1) 원 가족 및 후견인(옹호자)과의 긴밀한 협조관계 유지 및 신뢰관계를 구축할 수 있다.

(2) 이용인의 생활 전반에 관하여 원가족 및 후견인(옹호자)과 발전적인 방향을 논의하고 질적 서비스를 지원할 수 있다

3) 사업내용

(1) 실행방법

① 이용인의 원가정 및 후견인(옹호자)을 대상으로 전화 및 서신, 방문 등의 상담을 통해 이용인과 관련된 사항에 대해 의견을 교류한다.

② 연4회 분기별 원가족 및 후견인(옹호자)과의 모임을 통해 기관의 사업에 대한 설명과 동료 가족 간의 나눔의 시간을 갖도록 한다.

③ 이용인의 가족 중 가족기능이 약화되어 개인적인 문제를 지나치게 털어놓거나 기관에서 지원하는 서비스에 대해 부정적인 인식을 갖고 있어 이용인의 서비스지원시 방해요소로 작용하는 경우, Supervisor가 개입하여 상담을 통해 현재 상황을 파악하고 문제를 해결한다.

4) 기대효과

(1) 장애인의 시설입소로 약화되기 쉬운 원가정의 가족기능을 유지·강화 한다.

(2) 시설과 가족(후견인) 간의 의사소통 및 서비스 지원을 원활히 한다.

■ 심리안정프로그램

1) 목적 : 부적응행동과 정서적인 긴장을 보이는 동천요양원의 이용인을 대상으로 심리안정 프로그램을 실시함으로써 심리적인 안정, 일상생활 및 사회적 활동에서의 적응력을 높여 그들의 삶의 질을 향상시키고자 한다.

2) 목표

(1) 소그룹 프로그램 적용으로 정서적인 지지를 제공하여 정서적 긴장감을 감소시킬 수 있다.

(2) 심리적 안정감을 유도하여 부적응 행동을 감소시킬 수 있다.

(3) 이용인의 긴장감을 이완시켜 원내 적응 및 사회성을 향상시킬 수 있다.

3) 사업내용

(1) 실행방법

① 3명 이하의 소그룹으로 프로그램을 진행한다.

② 오감테라피 시스템의 프로그램을 단계별로 적용한다.

• 심리안정 / 스트레스 케어 / 명상의 시간 / 헬스케어 / 인지감각 통합 훈련 / 집중력 자연 명상 / 알파파 유도훈련 / 집중력 실천훈련

③ 심리안정실의 도구를 활용하여 여러 가지 형태의 감각적 자극을 제공한다.

4) 기대효과

(1) 심신의 이완과 안정을 통해 신체적, 정서적 긴장을 해소한다.

(2) 심리적 안정감을 얻음으로 감정을 적절히 표현한다.

(3) 안정된 심리 정서 상태를 유지하여 주위 사람들과 원만한 관계를 형성한다.

■ 인지건강프로그램

1) 목적 : 만성질병과 조기노화로 인한 인지기능의 손상 가능성이 높은 동천요양원 이용인을 대상으로 인지건강프로그램을 운영하여 인지기능 장애로 인한 제약을 줄이고, 기능을 향상시킴으로써 자립적 활동 범위를 확대하고자 한다.

2) 목표

(1) 1:1 시간차 회상 훈련을 통해 인지기능을 향상시킬 수 있다.

(2) 조기노화로 인한 인지기능 손상을 예방할 수 있다.

(3) 다양한 인지 활동을 적용함으로써 일상생활수행 능력을 향상시킬 수 있다.

(4) 집단 인지건강 프로그램을 통해 집단에서 일어나는 상호작용과 상호학습을 경험하며 사회성 향상을 도모할 수 있다.

3) 사업내용

(1) 실행방법

① 사전 / 사후 검사를 통해 효과성을 측정한다.

② 시간차회상훈련, 회상간훈련으로 구성된 1:1로 개인 인지건강프로그램을 진행한다.

③ 신체활동, 현실인식훈련, 기억력 훈련으로 구성된 집단 인지건강프로그램을 진행한다.

4) 기대효과

(1) 인지건강프로그램을 통해 기억력 유지 및 향상을 도모한다.

(2) 인지기능 향상을 통해 일상생활수행 능력을 높인다.

(3) 집단 프로그램을 통해 다른 사람과의 상호작용을 촉진한다.

(3) 서비스 전달체계

입/퇴소 판정위원회 (초기면접 : 의뢰/판별/확정) → 통합지원위원회 (재활서비스 계획 수립 : 거주인 보호자 동의) → 서비스 지원 → 평가(거주인별 사례연구) → 서비스평가회의 사례회의(평생지원 처계시작 : 자립 및 사후지도)

2. 실습내용

1) 실습목적 및 목표

사회복지 현장에서의 전문적 기술의 습득과 직접적 경험 실습을 통해 예비사회복지사로써의 전문성을 향상

(1) 장애인복지 전반에 대한 기본적 이론을 습득하고 장애인 생활시설기관의 역할 이해를 도모한다.

(2) 중증 지적 장애인의 특성을 이해하고 생활시설기관에서 제공되는 사회사업실천 기술을 경험한다.

(3) 사회복지현장에 대한 이해를 높이고, 예비 사회복지사로서 자아인식을 높인다.

2) 실습일정

- 3. 26 (1회) : 실습 전반에 대한 일정 공유 및 기관 라운딩
- 4. 2 (2회) : 이용인의 특성 이해 및 옷 갈아입히기 숙지 및 지원
- 4. 3 (3회) : 이용인 신변. 위생처리 지원 방법 숙지 및 지원
- 4. 9 (4회) : 이용인 특성 이해 및 점심 식사보조
- 4. 10 (5회) : 물리치료에 대한 이해
- 4. 16 (6회) : 산책 & 가벼운 운동지원을 통한 이용인과의 친밀감 형성
- 4. 17 (7회) : 의료서비스의 이해

- 4. 24 (8회) : 장애인 복지 교육
- 4. 30 (9회) : 욕실청소, 옷장정리
- 5. 14 (10회) : 이용인이 원하는 활동 지원을 통한 친밀감 형성
- 5. 15 (11회) : 자원봉사자와 함께하는 소풍활동 동행 및 지원
- 5. 21 (12회) : 자원봉사자 활동 지원(자장면 만들기 체험 지원)
- 5. 22 (12회) : 자원봉사자 활동 지원을 통한 친밀감 형성
- 5. 28 (12회) : 세탁물정리, 바자회 참관 동행 및 지원
- 5. 29 (12회) : 지역사회 참여 활동(교회 방문) 지원

3. 실습종합평가

1) 실습내용 및 실습생 자신에 대한 평가 및 의견

장애인복지교육, 물리치료, 의료서비스, 자원개발, 행정지원체계 등 이론교육과 함께 생활실 지원을 통한 현장실습으로 이루어져 장애인복지 전반에 관해 이해할 수 있었다. 개인별 맞춤 서비스를 제공하기 위해서는 이용인과의 친밀감 형성이 중요하다는 생각을 했다.

2) 실습기관 및 학교에 대한 평가 및 의견

직장에 다니느라 주말에만 실습이 가능한데 장애인 복지와 관련하여 다양한 실습경험을 하게 해주신 학교와 요양원에 감사드린다.

3) 실습후기

처음 실습한날을 기억해보면, 혼자 긴장하고 경직된 내 모습이 떠오른다.

점차 실습을 진행하면서 같이 산책하고, 놀이터에서의 시설을 이용하고, 교회 방문을 통하여 이용인과 점점 친밀감이 형성되어 가는 내 모습을 발견하였을 때 함께 하는 것이 얼마나 중요한지 새삼 생각해보았다.

현장실습을 통해 중증지적장애인에 대해 조금이나마 이해하고 그들을 위한 서비스 지원에 대해 생각해 볼 수 있는 계기를 마련해 준 요양원의 원장님과 국장님, 생활실 선생님들께 감사드린다.

제11장

프로그램 개발과 평가

제1절 프로그램 개발과 평가의 중요성

1. 프로그램 개발의 필요성

사회복지는 프로그램이다. 프로그램이란 클라이언트의 문제, 집단, 지역사회 문제를 해결하고자 구체적인 목표를 설정하고 일정기간동안 인력과 예산을 투입한 일련의 반복적이고 조직적인 활동이다.

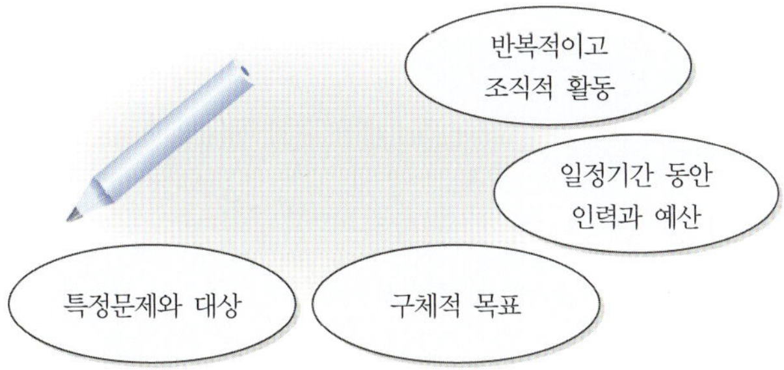

그림 11-1 프로그램의 개념

1970년대 중반이후 복지국가 위기 이후 신자유주의의 사상이 전세계화를 지배하면서 우리나라의 복지기관도 세계화와 복지다원주의에서 복지기관의 평가가 시행되었으며, 이와 더불어 복지기관을 운영하는데 있어서 복지경영의 마인드가 필요한 시대가 되었다. 이러한 무한경쟁속에서 복지기관이 살아남기 위해서는 외부자원을 개발하고 자체적으로는 프로그램의 효율성과 효과성을 검증해야 한다. 이것이 바로 프로그램 개발과 평가이다.

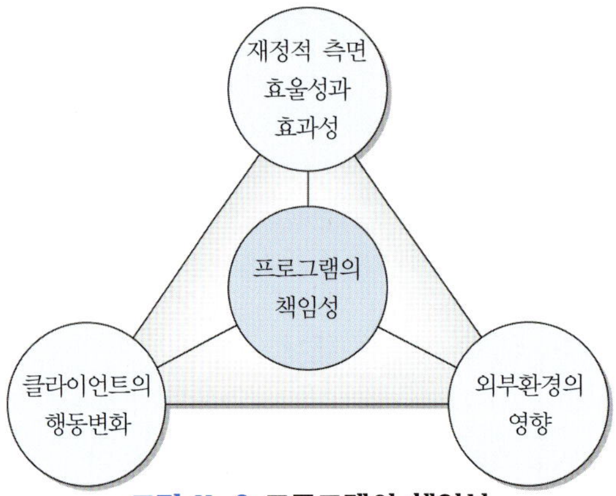

그림 11-2 프로그램의 책임성

2. 프로그램 개발 작성법

이 시대의 유능한 전문 사회복지사는 프로그램을 잘 만들고, 잘 만들어진 프로그램을 외부기관에 프로포절을 하여 많은 자원을 확보할 수 있는 사람이다. 그러므로 실습기간 동안 프로그램 개발과 평가에 대한 실습을 경험하고 충분히 익혀야 한다.

프로그램은 프로그램명칭, 목표, 프로그램내용, 평가, 예산항목으로 구성되어있다.

1) 프로그램 명칭 만들기

프로그램명에는 대상, 목적, 방법이 모두 포함되어야 한다. 프로그램명만 보더라도 이 프로그램이 추구하려는 내용을 알 수 있어야 한다. 공식적인 명칭이 긴 경우에는 부제로 애칭을 사용하는 것이 좋다.

프로그램명 예시)
"저소득 조손세대 여성노인 삶의 질 향상을 위한 Well-Being 프로그램"

2) 목표 만들기

프로그램 목표는 구체화되고 계량화시켜야 한다. 계량화가 되었을 때 정확한 평가를 수행할 수 있다. 목표와 평가는 한 짝을 이루어 작성되어야 한다. 목표가 설정되었으면 평가영역에서 반드시 평가가 진행되어야 한다.

▌틀린 목표 수정하기 연습▐

제목 : 노인교육 프로그램

1. 사업목적

평생교육의 일환으로 새로운 정보와 지식을 습득케 해 주고 배움을 통하여 교양과 지혜를 소양하며 자녀들에게 존경받는 노후생활을 영위해 나가며 취미·여가 활동 등을 통하여 제 2의 인생을 보람차고 유익하게 보낼 수 있도록 지원하며 계획성 있는 노후생활을 유지해 나가며 적극적이고 능동적인 삶을 영위할 수 있도록 유도해 낸다.

2. 사업목표

＊목표 1

학습과목을 통하여 노인들에게 학습의 기회를 제공하고 아울러 삶의 질을 향상하는데 도움을 준다.

＊하위목표

1) 한글교실을 통해 문맹의 틀에서 벗어날 수 있도록 한다.

→ 수정하기 : 어르신들은 매주 월요일 아침 9시부터 10시까지 8주 동안 진행되는 한글교실을 통해 한글을 다 master 하게 될 것이며 글을 읽을 수 있게 될 것이다.

2) 현대사회가 고령화 사회가 되어감에 따라 영어 학습을 할 수 있도록 유도한다.

→ 수정하기 : 어르신들은 매주 월요일 아침 11시부터 한 시씩 8주 동안 진행하는 영어학습을 받으시며 알파벳을 master 하게 될 것이다.

＊목표 2

체육활동을 함으로써 노인들이 건강을 계속 유지할 수 있도록 하며, 흥미를 유도하도록 한다.

→ 수정하기 : 어르신들은 매주 수요일 오후 2시부터 4시까지 안전한 환경에서 체육활동을 함으로써 건강을 유지하게 될 것이다.

＊하위목표

1) 전신운동을 통해 움직임을 높여 건강을 계속 유지할 수 있도록 한다.

→ 수정하기 : 빠르게 걷기, 국민체조 등 전신운동을 통해 건강을 계속 유지할 수 있을 것이다.

2) 체육교실 프로그램을 운영하여 활동적인 생활을 할 수 있도록 유도하고, 건강이 점차 쇠약해지는 것을 막아 보람된 생활을 할 수 있도록 한다.

→ 수정하기 : 체조, 구기종목 등 체육교실 프로그램을 운영하여 활동적인 생활을 하게 될 것이다.

❋ 목표 3

예능과목을 통해 노인들의 예능적 측면을 향상시켜 흥미를 유도하며 대외적으로 행하는 예능대회 행사에 참여해 좋은 결과를 얻어 더 많은 흥미와 집중력을 향상 하는데 있다.

→ 수정하기 : 좋은 결과=정신적인 우울증의 치료와 사람들과의 관계개선

❋ 하위목표

1) 체육과 예능이 접목된 고전무용이나 풍물교실, 사물놀이 등을 통해 건강을 유지하면서 노인들에게 흥미를 줄 수 있도록 한다.

→ 수정하기 : 어르신들은 체육과 예능이 접목된 고전무용이나 풍물교실, 사물놀이 등을 통해 건강을 유지하고 흥미를 얻게 될 것이다.

2) 대외적으로 행하는 예능대회에 참가해 좋은 성적을 거둘 수 있는 예능과목을 실시하여 노인들의 집중력과 흥미를 유발시켜 계속적인 활동을 할 수 있도록 한다.

→ 수정하기 : 어르신들은 대외적으로 행하는 예능대회에 참가해 좋은 성적을 거둠으로 인해 자신감의 회복과 집중력과 흥미를 유발시켜 계속적인 활동을 할 수 있을 것이다.

표 11-1 프로그램 계획서 양식

프로그램 계획서(대집단 및 지역사회복지)

프로그램명		지도자(실습생)명	
대 상		참여자 수	
기 간		장 소	

1. 프로그램 실시 배경
2. 프로그램 목적
3. 프로그램 목표

결과목표 1		결과목표 2	
하위목표 1-1		하위목표 2-1	
하위목표 1-2		하위목표 2-2	

4. 목표관련 지도 내용 및 구체적 수행방법

결과목표	하위목표	지도 내용	수행방법	비 고

5. 평가계획

평가지표	
평가도구	
평가방법	

6. 회기별 일정표

횟 수	일 시	목 표	내 용	준비물

7. 예산

3. 프로그램 평가서 구성내용

프로그램 평가를 할 때는 목표설정 내용을 모두 포함하여 평가가 진행되어야 한다. 평가의 진행 절차를 보면 평가는 프로그램의 종결이 아니라 평가결과를 새로운 프로그램 활용하기 위한 단계이다.

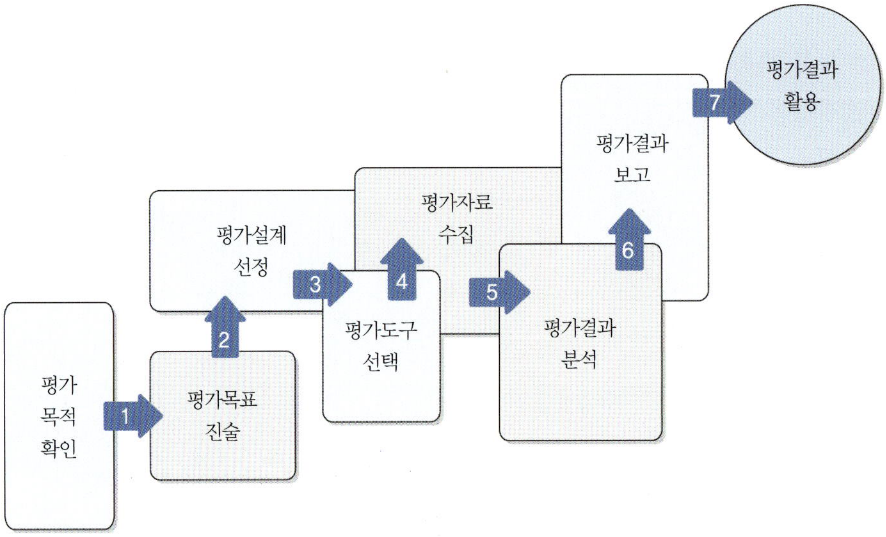

그림 11-3 평가의 과정

표 11-2 프로그램 계획서 양식

프로그램 평가서

프로그램명		지도자(실습생)명	
대 상		참여자 수	
기 간		장 소	

1. 프로그램 목적 및 목표달성 평가

결과목표	하위목표	달성 정도	평가 근거	의 의

2. 프로그램 과정 평가
   1) 준비과정

   2) 진행과정

   3) 종결 및 정리과정

3. 프로그램 만족도 평가

4. 예산평가

5. 추후 프로그램을 위한 제언

4. 프로그램 평가의 종류

프로그램 평가는 다양한 방법으로 평가할 수 있다. 사회복지분야에서의 프로그램 평가 방법은 주로 노력평가, 효과성 평가 도구를 활용한다.

표 10-3 프로그램 평가의 종류

평가 종류	정 의	평가의 요소와 도구
노력평가	프로그램 활동의 양	• 노력의 양 : 클라이언트 수 / 서비스의 단위 측정 • 단위활동의수 / 이용자수 / 전문인력의수 / 예산및자원 투입시간
효과성 평가	프로그램 목표의 달성 정도	• 단일사례분석 목표달성척도 평가조사 • 이용자의 인지적 / 감정적 변화 / 행동상의변화 / 이용자집단의 사회적변화
효율성 평가	산출대비 비용정도	• 서비스 단위당 비용 / 효과분석 비용 편익 분석 • 프로그램 노력에 대한 비용 / 결과에 대한 비용
영향 평가	사회문제나 이용자 욕구 변화에 미친 영향	• 평가조사 • 위기집단과 표적집단 내에서의 변화 정동 • 사회지표상의 변화에 대한 실증적 기대 정도
서비스의 질 평가	프로그램의 전문성	• 동료리뷰, 질적평가 • 프로그램 제공자의 전문성 • 서비스인력의 전문자격 소유여부와 정도 / 전문지식과 기술의 발전상태
과정평가	프로그램 결과의 경로	• 프로그램 운영상의 매개체 • 세부목표들의 달성 정도의 연계성 • 세부목표와 프로그램 결과 사이의 영향 정도의 차이
형평성 평가	프로그램 배분의 공평성	• 프로그램의 접근성 • 대상집단에게 동일한 접근기회가 주어지는지의 여부와 그 정도 • 프로그램 활동이 지역 내에 균등하게 배분되는 정도 등

제2절 프로그램 개발과 평가 작성 사례

1. 프로그램 개발 사례 1

사례1은 단위사업 프로그램을 작성한 사례이다.

표 11-4 프로그램 개발 사례 1

<table>
<tr><th colspan="5">단위사업 프로그램 계획서</th></tr>
<tr><td>프로그램명</td><td>자원개발과 나눔 기회제공을 위한
“행복 더하기, 사랑 나누기”</td><td>담당자</td><td colspan="2">○○○ 사회복지사
실습생 ○○○, ○○○, ○○○</td></tr>
<tr><td>일 시</td><td>2011년 7월 22일 (금)
15:00~17:00</td><td>장 소</td><td colspan="2">홈플러스 월드컵점</td></tr>
<tr><td>목 적</td><td>온·오프라인 모금활동을 통해 기관의 자원을 개발하고, 나눔 참여 기회를 제공하여 지역주민들의 나눔 공감대를 형성한다.</td><td>목 표</td><td colspan="2">• 아동놀이방 교구마련을 위한 자원을 개발한다.
• 지역주민에게 나눔 참여기회를 제공한다.</td></tr>
<tr><td>대 상</td><td>○○구 지역주민(100명)</td><td>예 산</td><td colspan="2">₩ 50,000</td></tr>
<tr><td colspan="2">진행내용 및 순서(자세하게 기록)</td><td>소요 시간</td><td>준비물</td><td>비 고</td></tr>
<tr><td colspan="2">[준비단계] 14:30~15:00
– 홍보 부스, 홍보 판넬(사례 설명, 콩 모으기 방법, 나눔 인증), 현수막을 준비하여 설치한다.
– 세부 프로그램을 진행하기 위한 세팅을 한다. (제비뽑기, 장난감, 홍보 유인물, 기관 리플렛)</td><td>30분</td><td rowspan="2">테이블 2개, 홍보 판넬 4개, 이젤 4개, 현수막 1개, 거치대 1개, 펜 130개 녹차 150잔, 종이컵 150개, 나눔 퀴즈 제비뽑기, 사탕 200개, 장난감, 홍보 유인물 150장, 기관 리플렛 150장, 인증 색지 150장, 매직 15개, 노트북, 카메라</td><td>참여유도–○○○
진행–○○○
인증사진–○○○</td></tr>
<tr><td colspan="2">[진행단계] 15:00~17:00
1. 참여 유도
(녹차를 건내며) “안녕하세요. ○○종합사회복지관에서 나왔습니다. 나눔 이벤트를 진행하고 있는데, 참여해 주실 수 있으세요?.”라고 말하며 관심을 끈다.
예 : 홍보 부스로 데리고 와서 진행한다.
아니오 : “아, 바쁘세요? 그럼 저희 유인물 보시고 사이트에 들어 와서 설명 한 번 봐주시면 감사하겠습니다.
2. 나눔 관련 퀴즈 진행
“저희가 나눔 관련 퀴즈를 준비했는데, 제비뽑기를 한 개 뽑아주세요. 맞추시면 상품도 있어요.”</td><td>120분</td><td></td></tr>
</table>

(퀴즈 예 : 사람들이 기부를 하는 이유가 무엇이라고 생각하세요?) 퀴즈에 대한 의견을 제시하면 상품을 드린다. 3. 모금 관련 설명 진행 "○○종합사회복지관 근처에 한부모 가정이나 조손 가정 아이들이 많아서 아이 놀이방을 만들 예정입니다, 그런데 놀이방에 아이 장난감이 하나도 채워지지 않아서 아이들이 즐겁게 놀지 못하고 있습니다. 그래서 온라인 모금 활동으로 장난감을 마련하려고 합니다. "모금을 위해서 네이버 해피빈과 싸이월드 타운에 모금함을 개설하였습니다. 참여하시는 방법은 여기(유인물) 자세히 나와 있습니다. 보시고 꼭 참여해 주세요." 4. 공감대 형성 놀이 체험 "이거 한 번 해보시겠어요? (장난감 체험을 하며) 재밌으시죠? 우리는 이렇게 작은 장난감에도 재미를 느끼는데, 장난감이 정작 필요한 아이들에게 이런 작은 장난감조차 없어서 놀이방에서 가지고 놀 것이 없습니다. 그래서 저희가 이렇게 직접 홍보를 하러 나왔습니다." 5. 나눔활동 인증 "저희 설명 들어주셔서 감사합니다. 이렇게 저희의 설명을 들으신 것만으로 예비 후원자라고 생각합니다. 이 종이에 에 이름을 쓰시고 응원해 주시고 싶은 말 있으면 써 주세요." "종이를 붙이시면 사진을 찍어 드릴게요, 사진은 기관 해피로그에 올리겠습니다." "참여해 주셔서 감사합니다." 6. 현장모금 설명 중, 모금의향이 있으신 분은 바로 모금을 할 수 있도록 안내한다.			
[종료단계] 17:00~18:00 – 캠페인 장소를 정리하고 기관으로 들어온다. – 유인물 배부수를 파악한다. – 캠페인 사진을 기관 해피로그에 게시한다.	60분		

2. 프로그램 개발 사례 2

프로그램을 기획할 때, 제목에는 대상, 목적, 방법이 제시되어야 한다. 사례2에서는 목적과 방법은 제시되었으나 대상이 한정되어 있지 않다. 『자원개발과 나눔 기회제공을 위한 "행복 더하기, 사랑 나누기"』를 『네티즌과 지역주민의 자원개발과 기회제공을 위한 "행복더하기, 사랑나누기"』로 수정한다.

표 11-5 프로그램 개발 사례 2

모금활동 프로그램 계획서

프로그램명	자원개발과 나눔 기회제공을 위한 "행복 더하기, 사랑 나누기"	지도자(실습생)명	○○○
대 상	네티즌과 지역주민	참여자 수	100명
기 간	2011. 7. 11~2011. 7. 26	장 소	추후작성

1. 프로그램 실시 배경
   1) 사업의 필요성

      현재 지역사회복지관의 재정현황은 국고보조금과, 사업수익금, 법인전입금, 후원으로 구성된다. 국고보조금은 국가와 지방자치단체 보조금으로 나누어지고 후원은 기업 후원금, 결연 후원금 등이 있다. 그러나 국고와 지방비를 합한 실제 정부 보조금 비율은 40% 미만에 불과하여 대부분 사회복지관이 재정운영상의 어려움을 겪고 있다. 이러한 어려움은 전체 사업비 지출 예산 부족으로 이어지고 그만큼 사회복지관 사업의 질적 저하를 가져오게 된다(고석웅, 2001). 지역사회복지관에서는 정부의 부족한 보조금에 대한 보완적인 수단으로 후원자를 개발하고 모금활동을 체계적으로 펼쳐 민간재원을 확보할 수 있는 방안을 강구하여야 한다(임숙근, 2002).

      기부와 모금활동이 활성화 되어 있지 않았던 과거에 비해 최근에는 정치인, 연예인 등 공인의 기부활동과 기업의 사회공헌 활동이 점차 증가하고 있는 추세이다. 공인뿐 아니라 일반 시민들의 모금활동에 대한 관심과 참여도가 증가하고 있어 나눔과 모금활동을 더욱 활성화 시킬 수 있는 시기라고 평가된다.

      따라서 사회복지기관의 부족한 재정현상과 모금활동이 활발하게 이루어지는 사회현상을 바탕으로 사회복지기관의 자원을 확보하고 지역주민에게 나눔 참여기회를 제공하는 온·오프라인의 모금사업 및 캠페인을 진행하고자 한다.

   2) 이론적 배경

      모금이란, 기부금이나 성금을 모으는 활동이다. 모금활동의 방법으로는 개인, 단체, 행사 등의 모금 방법이 있으며 절차는 사업목적과 성격에 따라 행사를 계획하며, 홍보활동을 통하여 많은 사람이 참여하도록 하여야 한다(고석웅, 2001).

      모금활동에 참여 할 수 있는 방법으로 오프라인과 온라인의 모금활동이 있다. 오프라인 모금활동의 예로 길거리 모금과 상점 내 모금함 배치 등이 있다. 오프라인의 모금 활동의 장점으로는 후원자와 직접 만남을 통하여 후원자의 반응을 파악할 수 있는 반면, 단점으로는 인력, 재정, 시간에 한계성을 가질 수 있다. 모금의 다른 방법인 온라인 모금활동의 예로는 다양한 포털 사이트의 모금활동이 있다. 온라인 모금의 장점으로는 부담 없이 적은 금액을 기부할 수 있고, 시간과 공간의 한계성을 초월하며, 기부선택의 폭이 넓다. 하지만 단점으로는 컴퓨터를 다루지 못하거나 후원을 하는 방법을 알지 못하면 참여할 수 없다. 위와 같이 장단점이 있기 때문에 한 분야의 모금활동만 진행할 수 없고 두 분야 모두에서 모금활동이 필요하다. 온·오프라인의 장단점을 활용하여 다양한 방법을 활용하여 모금활동을 진행 할 수 있을 것이다.

2. 프로그램 목적

온·오프라인 모금활동을 통해 기관의 자원을 개발하고, 나눔 참여 기회를 제공하여 지역주민들의 나눔 공감대를 형성한다.

3. 프로그램 목표

결과목표 1 아동놀이방 교구마련을 위한 자원을 개발한다.		결과목표 2 지역주민에게 나눔 참여기회를 제공한다.	
하위목표 1-1	지역주민 100명에게 모금활동을 알린다.	하위목표 2-1	나눔 캠페인을 진행한다.
하위목표 1-2	40만원 이상의 후원금을 모금한다.	하위목표 2-2	기관의 해피로그 홈페이지를 활성화 한다.

4. 목표관련 지도 내용 및 구체적 수행방법

결과목표	하위목표	프로그램내용	수행방법	비 고
아동놀이방 교구마련을 위한 자원을 개발한다.	지역주민 100명에게 모금활동을 알린다.	안내서 배부	온라인 모금활동을 할 수 있는 안내지를 제작하여 배부한다.	
	40만원 이상의 후원금을 모금한다.	온라인 모금함 개설	이대성산종합사회복지관 해피로그 홈페이지와 싸이월드 타운에 아동놀이방 교구마련을 위한 모금함을 제작하여 개시한다.	
지역주민에게 나눔 참여기회를 제공한다.	나눔 캠페인을 진행한다.	나눔관련 퀴즈 진행	제비뽑기를 통해 나눔과 관련된 퀴즈를 진행한다.	
		공감대 형성 놀이 체험	주민을 대상으로 놀이체험을 제공하여 모금사례의 공감대를 형성한다.	
		모금 관련 설명 진행	온라인 모금활동을 할 수 있도록 해피로그의 이용방법을 소개한다.	
		나눔 활동 인증	포스트잇에 이름을 써서 후원자의 자격으로 모자이크를 완성한다.	
	기관의 해피로그 홈페이지를 활성화 한다.	모금활동 관련 사진 게시	• 모금활동 수행 사진을 게시하여, 후원과정을 알린다. • 모금활동에 참여한 주민의 사진을 게시한다.	

		온라인 홍보	• 웹진 발송 시 모금관련 내용을 포함하여 발송한다. • 포털 사이트의 카페와 클럽, 블로그에 모금관련 게시물을 작성한다. • 기관 홈페이지의 공지사항게시판을 이용하여 홍보한다. • 기관 및 실무자계정의 페이스북 계정을 활용하여 홍보한다.	

5. 평가계획

1) 지역주민 100명에게 모금활동을 알린다.

평가지표	안내지 배부 여부
평가도구	안내지 배부 수
평가방법	목표실적의 80% 이상 달성으로 평가한다.

2) 40만원 이상의 후원금을 모금한다.

평가지표	모금금액 달성여부
평가도구	모금금액
평가방법	목표 모금금액의 60% 이상 달성여부로 평가

3) 나눔 캠페인을 진행한다.

평가지표	캠페인 진행 여부
평가도구	캠페인 진행 실무자 평가회의 캠페인 프로그램 참여 인원
평가방법	실무자 평가회의록 내용을 분석하여 질적평가를 한다. 캠페인에 참여한 주민의 80% 이상이 나눔활동 인증여부로 평가

4) 기관의 해피로그 홈페이지를 활성화 한다.

평가지표	사업수행기간 중 게시된 해피로그 게시물 조회수 나눔캠페인을 통해 홍보된 모금활동 게시물 조회 수
평가도구	해피로그 방문자 관리 시스템
평가방법	사업수행 전 게시물 조회수의 200% 이상 달성여부로 평가 나눔캠페인 참여 인원 중 50% 이상의 게시물 확인여부로 평가

6. 회기별 일정표

일 시	목 표	내 용	준비물
2011.07.11	기관의 해피로그 홈페이지를 활성화 한다.	온라인 모금사이트 조사내용 발표 및 사례나눔	온라인 모금사이트 사례조사
2011.07.11. ~2011.07.12	40만원 이상의 후원금을 모금한다.	프로그램 계획서 작성	프로그램 계획서
2011.07.13 ~2011.07.14	40만원 이상의 후원금을 모금한다.	온라인 모금함 제작 및 개시 (해피로그, 타운)	컴퓨터
2011.07.15	나눔 캠페인을 진행한다. 40만원 이상의 후원금을 모금한다.	캠페인 활동 장소섭외 온라인모금함 홍보활동 (카페, 클럽, 블로그에 홍보)	컴퓨터
2011.07.18	40만원 이상의 후원금을 모금한다.	온라인 모금함 홍보활동 (페이스북, 기관 홈페이지, 메일발송)	컴퓨터
2011.07.18. ~2011.07.22	나눔 캠페인을 진행한다.	후원홍보 캠페인 준비 (물품구입 및 물품제작)	문구류, 물품제작 관련준비물
2011.07.22	40만원 이상의 후원금을 모금한다. 지역주민 100명에게 모금활동을 알린다.	후원홍보 캠페인 진행 및 결과확인	부스 캠페인물품 카메라
2011.07.22	기관의 해피로그 홈페이지를 활성화 한다.	해피로그 홈페이지에 모금활동 사진 개시	컴퓨터
2011.07.25. ~2011.07.26	40만원 이상의 후원금을 모금한다.	후원홍보 캠페인 평가회의 및 평가서 작성	캠페인평가서

7. 예산

물품구입비	우드락(3장)	2,000원 × 3장 = 6,000원
	색상지(20장)	500원 × 20장 = 10,000원
	예비비	34,000원
	총	50,000원

3. 프로그램 평가서 작성 사례

본 사례는 목표가 계량화되어 평가하기가 쉽게 작성되었다. 프로그램이 계획이 잘못되면 평가가 어렵게 때문에 측정한 목표설정이 되도록 설계해야 한다.

표 11-6 프로그램 평가서 작성 사례

프로그램 평가서

프로그램명	자원개발과 나눔 기회제공을 위한 “행복 더하기, 사랑 나누기”	지도자 (실습생)명	○○○ 사회복지사 ○○○실습생 ○○○ 실습생
대 상	네티즌 및 지역주민	참여자 수	네티즌, 지역주민 약 200명
기간	2011. 7. 11~7. 25	장 소	온라인 포털 사이트, 홈플러스 월드컵점

1. 프로그램 목적 및 목표달성 평가

결과목표	하위목표	달성 정도	평가 근거	의 의
아동 놀이방 교구마련을 위한 자원을 개발한다.	지역주민 100명에게 모금활동을 알린다.	오프라인 홍보 캠페인을 통해 125명에게 유인물을 배부하였다. 온라인 홍보로는 온라인사이트를 이용하여 활성화된 클럽과 카페에 글을 올렸다. 결과적으로 100명이상의 지역주민과 네티즌에게 모금홍보 활동을 하였다.	안내지 배부 수, 온라인 홍보 글 게시 여부	다양한 홍보 방법을 통하여 모금 홍보와 기관을 홍보하는 이중효과를 거둘 수 있었다.
	40만원 이상의 후원금을 모금한다.	모금액의 10%를 달성함으로써 목표에는 근접하지 못하였다.	모금액 달성률	설정해 놓은 목표액을 달성할 수 없었지만 적은 금액으로 약 40명 정도의 사람들이 참여하였다.
지역주민에게 나눔 참여기회를 제공한다.	나눔 캠페인을 진행한다.	7월 22일 홈플러스 월드컵점에서 3시부터 5시까지 나눔 캠페인 행사를 진행하였다.	나눔 캠페인의 진행여부	나눔 캠페인을 통하여 다양한 대상층의 주민을 만남으로써 기관과 모금활동에 대해 홍보 할 수 있었다.
	기관의 해피로그 홈페이지를 활성화 한다.	7월 25일 나눔 캠페인 후기를 작성하였다.	게시판 조회 수	게시물이 올라오지 않던 기관 해피로그에 이번 사업을 통하여 활성화를 할 수 있는 계기가 되었다.

2. 프로그램 과정 평가

1) 준비과정

- 본격적인 모금활동을 하기 전에 해피빈과 아름다운 재단에서 제작한 나눔 컨퍼런스 시청을 통해 나눔에 대한 생각의 폭을 넓힐 수 있었다. 또한 영상물과 관련해서 팀원들 간의 논의가 이루어 졌고, 이 과정으로 서로 나눔에 대하여 어떤 가치관을 가지고 있는지 알 수 있었다.
- 모금함 개설을 위해 포털사이트의 온라인 모금사이트를 사전 조사하였다. 이 과정을 통해 온라인 모금 사이트라는 새로운 분야에 대한 인식과 전반적인 운영 방법 등 기초지식을 쌓을 수 있었다. 이것으로 인해 온라인 모금함 개설에 도움이 되었으나, 우리에게 필요한 모금함 사례조사 작업은 자세히 이루어지지 않았다.
- 프로그램 계획서를 작성하는 시간이 계획된 시간보다 지연되고, 수퍼비전 또한 즉각적으로 받지 못할 때가 있어서 시간을 효율적으로 사용하지 못하였다.
- 계획서 및 활동 내용이 온라인 활동보다 오프라인 활동에 더 집중이 되어 온라인 홍보에 대한 논의가 부족했다.
- 행사 장소를 답사 시 장소의 적합성과 관계자와의 미팅에만 집중을 하였다. 그래서 장소를 이용하는 지역주민의 특성과 대상층에 대한 조사가 부족했다.
- 오프라인 홍보물을 만드는 과정은 계획된 시간에 맞추어 잘 이루어졌다.

2) 진행과정

- 계획서를 바탕으로 진행하던 중, 추가적으로 다양한 홍보방법을 구상하여 더 많은 홍보활동을 진행하였다.
- 온라인 홍보활동 시 정확한 대상을 선정하지 않고 무분별하게 홍보활동을 함으로써 홍보를 한 양에 비해 모금액의 증가율이 낮았다.
- 온라인 홍보 방법에 대한 인식 부족으로 팀원들이 많이 지쳤었는데, 이때 수퍼바이저가 지지해줌으로써 극복할 수 있었다.
- 팀원들이 협력하여 각자의 업무분담에 성실히 임하였으며, 어느 누구에게 일이 더 집중되는 상황이 발생하지 않았다.
- 오프라인 모금 홍보 캠페인을 진행하기 전에 준비물을 미리 검토하여 행사를 원활하게 진행할 수 있었다.
- 오프라인 모금 홍보 캠페인을 할 때 계획한 세부프로그램 중 많은 부분을 진행하지 못하였다.
- 오프라인 모금 홍보 캠페인에서 팀원들이 지역주민에게 적극적으로 다가가서 설명을 하였다.
- 프로그램 계획을 작성할 때 우천 시에 대한 대안을 마련하지 못하여 행사 당일 날씨 상황으로 인해 30분 정도 일찍 정리를 하였다.

3) 종결 및 정리과정

- 오프라인 모금 홍보 캠페인 장소를 깨끗이 정리하고 기관으로 돌아왔다.
- 캠페인 종료 당일 홈플러스 관계자에게 감사의 메시지를 전함으로 새로운 자원에 대한 사후관리가 진행되었다.
- 프로그램 계획서상 해피로그에 캠페인 사진을 바로 게시하려고 하였으나 계획대로 진행되지 않았다.

3. 프로그램 만족도 평가

- 캠페인에 참여한 주민들을 대상으로 만족도 조사를 실시하지는 못하였으나, 긍정적인 반응을 보여주신 주민들이 많았다고 평가한다.

- 지역주민들에게 다양한 기부방법, 특히 온라인 모금에 대한 방법을 알려주어 유익한 홍보 프로그램이었다고 평가한다.
- 모금 활동이라는 말에 대해 부담감을 느끼는 지역주민들이 많이 있었다.

4. 예산평가

처음 우리가 계획한 예산은 아래와 같았다.

물품구입비	우드락(3장)	2,000원 × 3장 = 6,000원
	색상지(20장)	500원 × 20장 = 10,000원
	예비비	34,000원
	총	50,000원

하지만 실제로 사용한 예산은 아래와 같았다.

물품구입비	놀잇감, 사탕, 색지	22,500원
	현수막	27,500원
	총	50,000원

처음 계획한 대로 예산 집행이 이루어 지지 않았다. 그렇지만 예산을 초과하지 않고 사용하였다.

5. 추후 프로그램을 위한 제언

1) 이번 모금활동이 일회성 모금활동이 되지 않도록 기관 차원에서 지속가능한 사업으로 진행했으면 한다.
2) 온라인 모금활동을 잘하는 기관을 분석하여 홍보방법 및 모금함 사례를 조사해본다.
3) 법인과 자원봉사자를 이용하여 다양한 대상층에게 모금활동을 홍보한다.

제12장

사회복지사 자격증

제1절 사회복지사 자격기준

1. 사회복지사업법에 의한 사회복지사 자격기준

사회복지사업법에서 규정하고 있는 사회복지사 자격기준은 다음과 같다.

제11조(사회복지사 자격증의 발급 등)

① 보건복지부장관은 사회복지에 관한 전문지식과 기술을 가진 사람에게 사회복지사 자격증을 발급할 수 있다.

② 제1항에 따른 사회복지사의 등급은 1급·2급·3급으로 하고 등급별 자격기준 및 자격증의 발급절차 등은 대통령령으로 정한다.

③ 사회복지사 1급 자격증을 받으려는 사람은 국가시험에 합격하여야 한다.

④ 보건복지부장관은 제2항에 따른 사회복지사 자격증을 발급받거나 재발급받으려는 사람에게 보건복지부령으로 정하는 바에 따라 수수료를 내게 할 수 있다.

제11조의2(사회복지사의 결격사유) 다음 각 호의 어느 하나에 해당하는 사람은 사회복지사가 될 수 없다.

1. 금치산자 또는 한정치산자
2. 금고 이상의 형을 선고받고 그 집행이 끝나지 아니하였거나 그 집행을 받지 아니하기로 확정되지 아니한 사람
3. 법원의 판결에 따라 자격이 상실되거나 정지된 사람
4. 마약·대마 또는 향정신성의약품의 중독자

제12조(국가시험)

① 제11조제3항에 따른 국가시험은 보건복지부장관이 시행하되, 시험의 관리는 대통령령으로

정하는 바에 따라 시험관리능력이 있다고 인정되는 관계 전문기관에 위탁할 수 있다.

② 보건복지부장관은 제1항에 따라 국가시험의 관리를 위탁하였을 때에는 그에 드는 비용을 예산의 범위에서 보조할 수 있다.

③ 제1항에 따라 시험의 관리를 위탁받은 기관은 보건복지부장관의 승인을 받아 정한 금액을 응시수수료로 받을 수 있다.

④ 시험 과목, 응시자격 등 시험의 실시에 필요한 사항은 대통령령으로 정한다.

제13조(사회복지사의 채용 및 교육 등)

① 사회복지법인 및 사회복지시설을 설치·운영하는 자는 대통령령으로 정하는 바에 따라 사회복지사를 그 종사자로 채용하여야 한다. 다만, 대통령령으로 정하는 사회복지시설은 그러하지 아니하다.

② 보건복지부장관은 사회복지사의 자질 향상을 위하여 필요하다고 인정하면 사회복지사에게 교육을 받도록 명할 수 있다. 다만, 사회복지법인 또는 사회복지시설에 종사하는 사회복지사는 정기적으로 인권에 관한 내용이 포함된 보수교육(補修敎育)을 받아야 한다.

③ 사회복지법인 또는 사회복지시설을 운영하는 자는 그 법인 또는 시설에 종사하는 사회복지사에 대하여 제2항 단서에 따른 교육을 이유로 불리한 처분을 하여서는 아니 된다.

④ 보건복지부장관은 제2항에 따른 교육을 보건복지부령으로 정하는 기관 또는 단체에 위탁할 수 있다.

⑤ 제2항에 따른 교육의 기간·방법 및 내용과 제4항에 따른 위탁 등에 관하여 필요한 사항은 보건복지부령으로 정한다.

2. 사회복지사의 등급별 자격기준

사회복지사업법 시행규칙 제2조 제1항에서 제시한 사회복지사의 등급별 자격기준은 다음과 같다.

사회복지사의 등급별 자격기준(제2조 제1항 관련)

등급	자격기준
사회복지사1급	법 제11조제3항의 규정에 의한 국가시험에 합격한 자
사회복지사2급	가. 「고등교육법」에 따른 대학원에서 사회복지학 또는 사회사업학을 전공하고 석사학위 또는 박사학위를 취득한 자. 다만, 대학에서 사회복지학 또는 사회사업학을 전공하지 아니하고 동 석사학위를 취득한 자는 보건복지부령이 정하는 사회복지학 전공교과목과 사회복지관련 교과목 중 사회복지현장실습을 포함한 필수과목 6과목 이상(대학에서 이수한 교과목을 포함하되, 대학원에서 4과목 이상을 이수하여야 한다), 선택과목 2과목 이상을 각각 이수한 경우에 한하여 사회복지사 자격을 인정한다. 나. 「고등교육법」에 따른 대학에서 보건복지부령이 정하는 사회복지학 전공교과목과 사회복지관련 교과목을 이수하고 학사학위를 취득한 자 다. 법령에서 「고등교육법」에 따른 대학을 졸업한 자와 동등 이상의 학력이 있다고 인정하는 자로서 보건복지부령이 정하는 사회복지학 전공과목과 사회복지관련 교과목을 이수한 자 라. 「고등교육법」에 따른 전문대학에서 보건복지부령이 정하는 사회복지학 전공교과목과 사회복지관련 교과목을 이수하고 졸업한 자 마. 법령에서 「고등교육법」에 따른 전문대학을 졸업한 자와 동등 이상의 학력이 있다고 인정하는 자로서 보건복지부령이 정하는 사회복지학 전공교과목과 사회복지관련 교과목을 이수한 자 바. 「고등교육법」에 따른 대학을 졸업하거나 이와 동등 이상의 학력이 있는 자로서 보건복지부장관이 지정하는 교육훈련기관에서 12주 이상 사회복지사업에 관한 교육훈련을 이수한 자 사. 사회복지사 3급자격증소지자로서 3년 이상 사회복지사업의 실무경험이 있는 자
사회복지사3급	가. 「고등교육법」에 따른 전문대학을 졸업한 자 또는 법령에서 이와 동등 이상의 학력이 있다고 인정하는 자로서 보건복지부장관이 지정하는 교육훈련기관에서 12주 이상 사회복지사업에 관한 교육훈련을 이수한 자 나. 고등학교를 졸업하거나 이와 동등 이상의 학력이 있는 자로서 보건복지부장관이 지정하는 교육훈련기관에서 24주 이상 사회복지사업에 관한 교육훈련을 이수한 자 다. 3년 이상 사회복지사업의 실무경험이 있는 자로서 보건복지부장관이 지정하는 교육훈련기관에서 24주 이상 사회복지사업에 관한 교육훈련을 이수한 자 라. 법 제2조제1항의 규정에 의한 업무에 8급 또는 8급상당 이상으로 3년 이상 종사한 공무원으로서 보건복지부장관이 지정하는 교육훈련기관에서 4주 이상 사회복지사업에 관한 교육훈련을 이수한 자

비고 : 외국의 대학 또는 대학원에서 사회복지학 또는 사회사업학을 전공하고 학사학위 이상의 학위를 취득한 자로서 등급별 자격기준과 동등한 학력이 있다고 보건복지부장관이 인정하는 경우에는 당해 등급의 사회복지사자격증을 교부할 수 있다.

제2절 자격증 신청 방법

1. 자격증 신청절차

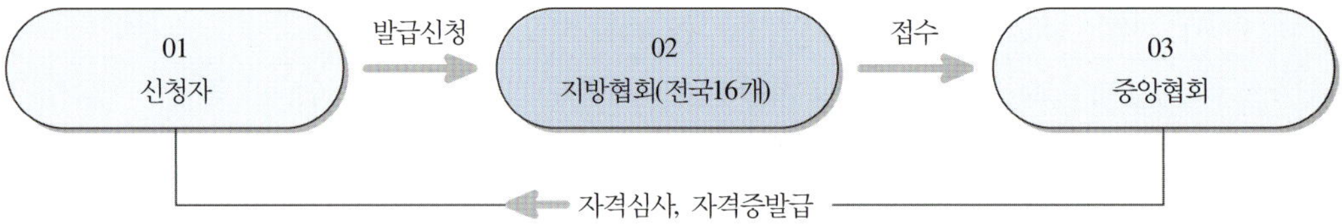

1) 자택이나 직장이 위치한 지역에 따라 지방협회를 선정
2) 해당 지방협회로 구비 서류를 우편발송 또는 직접 방문하여 제출
3) 해당 지방협회 계좌번호로 수수료를 입금
   수수료 내역 : 자격증 수수료 1만원, 회원증 수수료 1만원, 연회비 3만원
4) 자격 심사 후 신청서에 기입한 우편물 수령지로 등기 발송된 자격증을 수령
   제출된 발급신청서와 구비서류 내용 검토 후 자격이 인정될 경우 자격증 발급

2. 연회비 및 수수료

사회복지사는「사회복지사업법」제11조제4항 및 동법시행규칙 제4조제4항과 사단법인 한국사회복지사협회 정관 제5조 회원규정에 의거 사회복지사자격증 및 회원증 발급수수료 및 연회비를 납부해야 한다.

- 사회복지사 자격증 발급 수수료 : 1만원
- 협회 회원증 수수료 : 1만원
- 협회 연회비 : 3만원

3. 자격증 신청 구비서류

공 통	1. 사회복지사 자격증 발급신청서 1부
	2. 6개월 이내에 촬영한 탈모상반신 반명함판(3×4 센티미터) 사진 2매
별도 구비서류	1. 고등교육법에 의한 대학원, 대학에서 석사·박사·학사 학위를 취득한 자 : 졸업증명서, 성적증명서, 사회복지현장실습확인서(해당자에 한함) 각 1부
	2. 고등교육법에 의한 전문대학 졸업자 : 졸업증명서, 성적증명서, 사회복지현장실습확인서(해당자에 한함) 각 1부
	3. 법령에서 고등교육법에 의한 (전문)대학졸업자와 동등 이상의 학력이 있다고 인정하는 자 : 최종 졸업증명서, 성적증명서(평생교육진흥원), 사회복지현장실습확인서(해당자에 한함) 각 1 부 ※ 학점은행제·시간제를 통한 교과목 이수자는 「학점인정등에관한법률」에 따라 평생교육진흥원에서 발급한 성적증명서를 제출해야 함 ※ (전문)대학에서 일부 과목을 이수하고 (전문)학위를 취득한 자는 전적대학 성적증명서 1부 ※ 기타 교과목 이수 사실을 증명할 수 있는 증빙서류
	4. 외국대학 졸업자 : 졸업증명서·성적증명서 각 1부(우리말로 번역·공증한 서류 원본첨부) : 출입국 사실 증명서 원본, 유학비자 사본 각 1부 : 교육부의 대학인가 확인서 사본 1부(국내분교 졸업시) : 학력인정확인서(국가별 주한 해당국 대사관 등에서 발급)
	5. 보건복지부장관이 지정하는 교육훈련기관에서 교육을 이수한 자 – 6주 과정 이수자 : 이수 확인서(수료증 사본), 재직증명서 각 1부 – 12주, 24주 과정 이수자 : 이수 확인서(수료증 사본), 최종학교 졸업증명서, 재직증명서 각 1부
	6. 사회복지사 자격 승급 신청자 – 자격증 승급에 소요되는 실무경력이 나타나는 재직(경력)증명서 – 경력산정 이전 발급된 사회복지시설 신고증 – 기타 경력사실을 증명할 수 있는 증빙자료 – 이전 자격증 원본

4. 재학생 자격증 신청절차

1) 서류 : 졸업증명서, 성적증명서, 사진 2매, 교부신청서, 실습확인서

2) 신청절차

(1) 학위수여식 이후 졸업증명서, 성적증명서 발급

(2) 한국사회복지사협회에서 교부신청서 다운 받은 후 작성

(3) 한국사회복지지사협회에서 가까운 지방 협회 확인 후 구비서류 우편발송 및 수수료 납부

5. 시간제 학생 자격증 신청절차

1) 서류 : 졸업(학위)증명서, 평생교육진흥원 성적증명서, 사진 2매, 교부신청서, 실습확인서

2) 신청절차

(1) 각 학교에서 이수한 성적증명서 발급

(2) 평생육진흥원 학점은행에 학습자 등록을 통하여 학점인정 신청

① 학점인정 신청 기간 : 매년 1월, 4월, 7월, 10월에만 가능

② 평생교육진흥원 학점은행 : www.cb.or.kr ☎. 1600－0400

(3) 14과목에 대한 평생교육진흥원에 발행한 성적증명서 및 학위증명서 발급

(4) 한국사회복지사협회 홈페이지에서 각 지방협회 확인

① 한국사회복지사협회 : www.welfare.net

② ☎. 02)786－0845(자격증 신청 절차)

(5) 지방협회로 자격증신청 서류 발송 및 수수료 납부

사회복지사업법 시행규칙 [별지 제1호서식]

사회복지사자격증 발급 신청서

<table>
<tr><th colspan="3">접수번호</th><th colspan="2">접수일</th><th colspan="2">처리기간 7일</th></tr>
<tr><td rowspan="4"></td><td>성 명</td><td colspan="2"></td><td>주민등록번호</td><td colspan="2"></td></tr>
<tr><td>자택 주소</td><td colspan="2"></td><td colspan="3" rowspan="2">(전화 :)
(휴대전화 :)
(이메일 :)
(우편물 수령: 자택 직장 직접수령)</td></tr>
<tr><td>직 장 명</td><td colspan="2"></td></tr>
<tr><td>직장 주소</td><td colspan="2"></td><td>신청등급</td><td colspan="2">급</td></tr>
<tr><td rowspan="2"></td><td>구분</td><td>부터</td><td>까지</td><td>학교명</td><td colspan="2">전공 또는 부전공 학과목</td></tr>
<tr><td>( )대학원졸
( )대학
( )전문대졸
( )고졸
( )고졸이하</td><td></td><td></td><td></td><td colspan="2"></td></tr>
<tr><td rowspan="7"></td><td rowspan="2">사회복지관련교과목</td><td>부터</td><td>까지</td><td>학교명</td><td colspan="2">전공 또는 부전공 학과목</td></tr>
<tr><td></td><td></td><td></td><td colspan="2"></td></tr>
<tr><td rowspan="5">현장실습</td><td rowspan="2">부터</td><td rowspan="2">까지</td><td rowspan="2">실습기관</td><td colspan="2">실습지도교수</td></tr>
<tr><td colspan="2">실습기관지도자</td></tr>
<tr><td></td><td></td><td></td><td colspan="2"></td></tr>
<tr><td></td><td></td><td></td><td colspan="2"></td></tr>
<tr><td></td><td></td><td></td><td colspan="2"></td></tr>
<tr><td rowspan="3"></td><td>부터</td><td>까지</td><td>근무기관명</td><td>근무부서명</td><td colspan="2">담당업무</td></tr>
<tr><td></td><td></td><td></td><td></td><td colspan="2"></td></tr>
<tr><td></td><td></td><td></td><td></td><td colspan="2"></td></tr>
<tr><td rowspan="3"></td><td>부터</td><td>까지</td><td>교육훈련기관</td><td colspan="3">교육훈련 내용(과정)</td></tr>
<tr><td></td><td></td><td></td><td></td><td colspan="2"></td></tr>
<tr><td></td><td></td><td></td><td></td><td colspan="2"></td></tr>
</table>

「사회복지사업법」 제11조, 같은 법 시행령 제2조 및 같은 법 시행규칙 제4조제1항에 따라 사회복지사자격증의 발급을 신청합니다.

년 월 일

신청인

한국사회복지사협회장 귀하

제4편

실습보고서 작성의 실제

- 사회복지실습보고서
- 실습기관 분석보고서
- 실습중간평가서
- 실습종결평가서

사회복지실습보고서

◆ 실습기관 :

◆ 실 습 명 :

◆ 실습학기 :

열린사이버대학교 사회복지학과

※ 실습일에 진행된 내용을 간략히 기록메모장으로 활용하시기 바랍니다.

※ 실습과제창에 제출할 과제들로 일지는 결재없이 없이 컴퓨터 워드문서로 작성해서 과제창에 제출하면 됩니다.

실 습 일 지(1회차)

실습일	20 . . . 요일		실습기관명	
실습생			소속	열린사이버대학교
실습목표				
실습일정	09:00~10:00			
	10:00~12:00			
	12:00~13:00			
	13:00~14:30			
	14:30~15:30			
	15:30~18:00			
실습내용				
실습생 의견				
Supervision				

실 습 일 지(2회차)

실습일	20 . . . 요일		실습기관명	
실습생			소속	열린사이버대학교
실습목표				
실습일정	09:00~10:00			
	10:00~12:00			
	12:00~13:00			
	13:00~14:30			
	14:30~15:30			
	15:30~18:00			
실습내용				
실습생 의견				
Supervision				

실 습 일 지(3회차)

실습일	20 . . . 요일		실습기관명	
실습생			소속	열린사이버대학교
실습목표				
실습일정	09:00~10:00			
	10:00~12:00			
	12:00~13:00			
	13:00~14:30			
	14:30~15:30			
	15:30~18:00			
실습내용				
실습생 의견				
Supervision				

실 습 일 지(4회차)

실습일	20 . . . 요일	실습기관명	
실습생		소속	열린사이버대학교
실습목표			

실습일정		
	09:00~10:00	
	10:00~12:00	
	12:00~13:00	
	13:00~14:30	
	14:30~15:30	
	15:30~18:00	

실습내용	
실습생 의견	
Supervision	

실 습 일 지(5회차)

<table>
<tr><td></td><td></td></tr>
<tr><td></td><td></td></tr>
</table>

<table>
<tr><td>실습일</td><td colspan="2">20 . . . 요일</td><td>실습기관명</td><td></td></tr>
<tr><td>실습생</td><td colspan="2"></td><td>소속</td><td>열린사이버대학교</td></tr>
<tr><td>실습목표</td><td colspan="4"></td></tr>
<tr><td rowspan="6">실습일정</td><td>09:00～10:00</td><td colspan="3"></td></tr>
<tr><td>10:00～12:00</td><td colspan="3"></td></tr>
<tr><td>12:00～13:00</td><td colspan="3"></td></tr>
<tr><td>13:00～14:30</td><td colspan="3"></td></tr>
<tr><td>14:30～15:30</td><td colspan="3"></td></tr>
<tr><td>15:30～18:00</td><td colspan="3"></td></tr>
<tr><td>실습내용</td><td colspan="4"></td></tr>
<tr><td>실습생 의견</td><td colspan="4"></td></tr>
<tr><td>Supervision</td><td colspan="4"></td></tr>
</table>

실 습 일 지(6회차)

실습일	20 . . . 요일		실습기관명	
실습생			소속	열린사이버대학교
실습목표				
실습일정	09:00~10:00			
	10:00~12:00			
	12:00~13:00			
	13:00~14:30			
	14:30~15:30			
	15:30~18:00			
실습내용				
실습생 의견				
Supervision				

실 습 일 지(7회차)

실습일	20 . . . 요일	실습기관명	
실습생		소속	열린사이버대학교
실습목표			
실습일정	09:00~10:00		
	10:00~12:00		
	12:00~13:00		
	13:00~14:30		
	14:30~15:30		
	15:30~18:00		
실습내용			
실습생 의견			
Supervision			

실 습 일 지(8회차)

실습일	20 . . . 요일		실습기관명	
실습생			소속	열린사이버대학교
실습목표				
실습일정	09:00~10:00			
	10:00~12:00			
	12:00~13:00			
	13:00~14:30			
	14:30~15:30			
	15:30~18:00			
실습내용				
실습생 의견				
Supervision				

실 습 일 지(9회차)

실습일	20　　.　　.　　.　　요일		실습기관명	
실습생			소속	열린사이버대학교
실습목표				
실습일정	09:00~10:00			
	10:00~12:00			
	12:00~13:00			
	13:00~14:30			
	14:30~15:30			
	15:30~18:00			
실습내용				
실습생 의견				
Supervision				

실 습 일 지(10회차)

실습일	20 . . . 요일		실습기관명	
실습생			소속	열린사이버대학교
실습목표				
실습일정	09:00～10:00			
	10:00～12:00			
	12:00～13:00			
	13:00～14:30			
	14:30～15:30			
	15:30～18:00			
실습내용				
실습생 의견				
Supervision				

실 습 일 지(11회차)

실습일	20 . . . 요일		실습기관명	
실습생			소속	열린사이버대학교
실습목표				
실습일정	09:00~10:00			
	10:00~12:00			
	12:00~13:00			
	13:00~14:30			
	14:30~15:30			
	15:30~18:00			
실습내용				
실습생 의견				
Supervision				

실 습 일 지(12회차)

실습일	20 . . . 요일		실습기관명	
실습생			소속	열린사이버대학교
실습목표				
실습일정	09:00~10:00			
	10:00~12:00			
	12:00~13:00			
	13:00~14:30			
	14:30~15:30			
	15:30~18:00			
실습내용				
실습생 의견				
Supervision				

실 습 일 지(13회차)

실습일	20 . . . 요일		실습기관명	
실습생			소속	열린사이버대학교
실습목표				
실습일정	09:00~10:00			
	10:00~12:00			
	12:00~13:00			
	13:00~14:30			
	14:30~15:30			
	15:30~18:00			
실습내용				
실습생 의견				
Supervision				

실 습 일 지(14회차)

실습일	20 . . . 요일		실습기관명	
실습생			소속	열린사이버대학교
실습목표				
실습일정	09:00~10:00			
	10:00~12:00			
	12:00~13:00			
	13:00~14:30			
	14:30~15:30			
	15:30~18:00			
실습내용				
실습생 의견				
Supervision				

실 습 일 지(15회차)

실습일	20 . . . 요일		실습기관명	
실습생			소속	열린사이버대학교
실습목표				
실습일정	09:00~10:00			
	10:00~12:00			
	12:00~13:00			
	13:00~14:30			
	14:30~15:30			
	15:30~18:00			
실습내용				
실습생 의견				
Supervision				

실습기관 분석 보고서

실습생명		기관명	
기관주소	(전화 :)		
기관소개자	(부서 : 직책 :)		

1. 기관의 역사

1) 기관 설립동기 및 설립목적

2) 기관 사업의 역사적 변천

3) 기관 역사에 대한 실습생의 평가

2. 기관의 목적

3. 기관의 목적

1) 클라이언트 및 대상 지역

2) 주요사업

3) 서비스 전달체계

4) 기관의 대상층 및 주요사업에 대한 실습생의 평가

4. 기관의 행정사항

1) 기관의 조직구조

2) 예산, 후원 및 지원사항

3) 기관의 행정구조와 예산 사용 및 후원에 대한 실습생의 평가

5. 기관이 속한 지역사회, 물리적 환경의 특징

1) 지역사회

2) 물리적 환경(시설, 공간 등)

6. 사회복지기관으로서 지역 내 타 기관들과의 연계

1) 관계유형 및 내용

2) 기관의 타 기관과의 관계유지에 대한 실습생의 평가

7. 기관의 특별한 면이나 전반적인 사항에 대한 인상이나 느낌

실습중간평가서

실습생명		기관명	
기관주소		실습지도자	
기관소개자		실습지도교수	

1. 실습목표와 관련된 실습내용 및 역할에 대한 평가

1) 수행한 실습내용 및 역할의 요약

2) 평가

3) 앞으로의 계획

2. 실습에 임한 자세 및 노력

1) 시간준수 / 업무능력

2) 직원 및 다른 실습생과의 관계

3) 실습에 있어서의 적극성과 자발성

3. 실습을 통해 배운점

4. 앞으로 더 필요한 지식과 기술

5. 실습에서 유익했던 점 / 어려웠던 점

6. 기관 및 실습지도자에게 건의할 점

실습종결평가서

기관명 :

실습생 :

수퍼바이저 :

1. 기관소개

1) 소재지 :

2) 주요사업 및 프로그램 :

2. 실습내용

1) 실습목적 및 목표

2) 실습일정

회기	일자	실습내용	실습생의역할
1			
2			
3			
4			
5			
6			
7			
8			
9			
10			
11			
12			
13			
14			
15			

3) 주요 실습내용(※ 프로그램 계획 및 사례관리, 그 외 활동 등)

3. 실습종합평가

1) 실습내용 및 실습생 자신에 대한 평가 및 의견

2) 실습기관 및 학교에 대한 평가 및 의견

3) 실습후기

참/고/문/헌

〈동양문헌〉

1. 단행본

- 구종회·김선희·이원숙, 『사회복지실습길라잡이』, 서울: 홍익제, 1999.
- 김영호·오정옥·이은경, 『사회복지현장실습의 이해』, 서울: 양서원, 2006.
- 김융일·양옥경, 『사회복지 수퍼비전론』, 서울: 양서원, 2002.
- 김선희·조희일, 『사회복지실습』, 서울: 양서원, 2004.
- 김태성·최일섭, 『사회복지 전문직과 교육제도』, 서울: 도서출판 소화, 1998.
- 문인숙, 『사회사업지도 감독론』, 이화여자대학교 출판부, 1987.
- 박원우, 『임파워먼트와 기업문화, 기업문화의 새로운 방향 모색을 위한 심포지움; 자율과 혁신의 기업문화』, 서울: 삼성정신문화연구소, 1995.
- 서진환, 『사회복지실습의 길잡이』, 서울: 학지사, 2000.
- 오혜경·하지영, 『사회복지현장실습 매뉴얼』, 서울: 양서원, 2007.
- 조현순, 『실습세미나 교육지침 개발연구』, 한국임상사회사업학회, 2006.
- 조휘일역, 『사회복지실천과 수퍼비전』, Kadusin, A 저, 서울: 학지사, 2000.
- 태화기독교사회복지관,『사회복지실습지도』, 서울: 양서원, 2005.
- 한인영, 『사회복지실습』, 이화여자대학교출판부, 2002.
- 한국사회복지교육협의회, "사회복지학 교과목 지침서", 2004.
- 한국사회복지협의회, 『사회복지사전』, 서울: 한국사회복지협의회 출판부, 1993.

2. 학술지

- 강철희·윤민화, "사회복지사의 임파워먼트에 영향을 미치는 요인에 관한 연구", 『한국사회복지학』, 제41권, pp.7～42.
- 김민환, "학교장의 변혁적 리더십이 교사 임파워먼트에 미치는 효과 분석", 『경영교육논총』, 31호, pp.169～194, 서울: 경영교육학회, 2003.
- 김상부·황구주, "임파워먼트의 실현 방법에 관한 연구", 『창원대학교 산업기술연구소 논문집』, 제12호, pp.331～344, 2008.
- 김선희, "사회사업 실습교육의 실천업무에 관한 연구", 『강남대학교 논문집』, 제32호, pp. 289～332, 1988.
- 노상학, "사회사업 실습교육의 과제", 『한국사회복지』, 제1호, 강남대 한국사회복지연구소, pp.1～25, 1994.

- 성민선, “우리나라 사회복지 실습교육 현황”, 『카톨릭대 논문집』, 제1호, pp.259～279, 1995.
- 이준상·박영준, “아동복지시설종사자의 임파워먼트, 전문성 그리고 서비스 질에 관한 인과 모형”, 『사회복지개발연구』, 제11권 제4호, pp.321～346, 2005.
- 정무성 외 2인, “장애인복지관 종사자의 전문직업적 정체성 관련 요인 연구”, 『재활복지』, 제9권 제1호, 2004.
- 정수경, “사회복지전공학생의 실천수행능력에 영향을 미치는 실습 지도요인에 관한 연구”, 『한국사회복지학』, 제55권 제3호, pp.12～15, 2004.

3. 학위논문

- 강희자, 『사회복지 전공 학생의 실습만족도에 관한 연구』, 석사학위논문, 이화여자대학교 대학원, 2002.
- 권현진, 『사회복지전공학부생의 실습 성과에 관한 연구』, 서울여자대학교 대학원 박사학위논문, 2003.
- 김선화, 『사회복지 실습 수퍼비전 개선방안에 관한 연구』, 서울여자대학교 대학원 석사학위논문, 2001.
- 김선환, 『사회복지현장실습이 사회복지전공생의 진로발달에 미치는 영향에 관한 연구』, 이화여자대학교 대학원 석사학위논문, 2006.
- 김정훈, 『사회복지실습이 사회복지 전문직에 대한 태도에 미치는 영향』, 연세대학교 대학원, 2005.
- 김주리, 『사회사업 실습에 대한 학생의 만족도 연구』, 연세대학교 대학원 석사학위논문, 1992.
- 김회성, 『빈곤가정 청소년의 자립준비에 관한 연구: 임파워먼트의 매개효과를 중심으로』, 이화여자대학교 대학원 박사학위논문, 2001.
- 김효선, 『현장실습경험이 사회복지 전문 직업의식에 미치는 영향에 관한 연구』, 강남대학교 사회복지전문대학원 석사학위논문, 2004.
- 문영순, 『간호학생이 평가한 수술실 실습교육의 교수 효율성과 실습만족도에 관한 연구』, 고려대학교 교육대학원 석사학위논문, 1999.
- 박미정, 『지역사회복지관의 실습지도 과정 및 내용에 관한 연구』, 서울여대 대학원 석사학위논문, 2000.
- 박수선, 『수퍼비전이 사회복지사의 전문직업적 정체성에 미치는 영향』, 숭실대학교 사회복지대학원 석사학위논문, 2008.
- 박승규, 『사회사업가의 전문직업적 정체성에 영향을 미치는 요인들에 관한 연구』, 강남대학교 사회복지대학원 석사학위논문, 2001.

- 박시하, 『사회복지직 공무원의 전문성 강화 방안』, 영남대학교 행정대학원 석사학위논문, 2004.
- 박용우, 『사회복지사의 직무만족이 전문직업적 정체성에 미치는 영향』, 연세대학교 행정대학원 석사학위논문, 2003.
- 박종우, 『사회사업가의 전문직업적 정체성 연구』, 서울대학교 대학원 박사학위논문, 1994.
- 박준희, 『조직분위기 유형과 임파워먼트가 조직내 혁신행동 및 직무만족에 미치는 영향』, 서강대 대학원 경영학과 석사학위논문, 1996.
- 성수미, 『아동복지시설 종사자의 임파워먼트가 조직효과성에 미치는 영향에 관한 연구』, 서울신학대학교 대학원 석사학위논문, 2007.
- 신국희, 『임파워먼트와 조직분위기가 조직유효성에 미치는 영향에 관한 연구』, 배재대학원 대학원 경영학과 박사학위논문, 2001.
- 신호준, 『서비스기업의 유형에 따른 종업원 임파워먼트가 직무만족 및 서비스품질에 미치는 영향』, 서강대 대학원 경영학과 석사학위논문, 2000.
- 양길모, 『간호사의 임파워먼트, 업무관련 개인적 특성, 업무성과 관계분석』, 경희대 대학원 간호학과 박사학위 논문, 1999.
- 이미향, 『사회복지현장 수퍼비전의 실태와 개선방안』, 대구대학교 사회복지대학원 석사학위논문, 2003.
- 이상준, 『사회복지관 사회복지사의 전문성 강화에 관한 연구』, 대구대 사회복지개발대학원 사회복지학과 석사학위논문, 2001.
- 이소민, 『사회복지학 전공자들이 전문직 정체성에 영향을 미치는 요인에 관한 연구』, 숭실대학교 대학원 석사학위논문, 2007.
- 이시연, 『사회복지 전공 학부생 실습지도 모델 개발에 관한 연구』, 서울여자대학교 대학원 박사학위논문, 2000.
- 이지은, 『사회복지사의 전문직 사회화와 전문직 태도에 관한 연구 : 서울시 소재 종합사회복지관을 중심으로』, 서울대학교 대학원 석사학위논문, 2002.
- 전진호, 『사회복지 전공학생들의 전문직 정체성에 관한 연구』, 카톨릭대학교 석사학위논문, 2000.
- 정명숙, 『사회복지전공 학생의 실습 기관 수퍼비전 내용에 관한 연구』, 강남대 대학원 석사학위논문, 2000.
- 정수영, 『사회복지현장실습이 사회복지전문직 정체성에 미치는 영향』, 한림대학교 대학원 석사학위논문, 2006.
- 정준영, 『정체성 논의에 대한 Norbert Elias의 문명화 과정론의 사회학적 함의』, 서울대학교

대학원 석사학위논문, 1998.

- 조봉란, 『사회복지직 공무원의 전문성 제고 방안: 경상북도를 중심으로』, 계명대 정책대학원 석사학위논문, 2005.
- 조수민, 『실습경험이 사회복지전공생의 전문직 정체성에 미치는 영향에 관한 연구』, 이화여자대학교 대학원 석사학위논문, 2005.
- 주은수, 『대학의 사회복지교육이 사회복지사 효능감에 미치는 영향에 관한 연구』, 연세대학교 대학원 석사학위논문, 2002.
- 최경희, 『리더쉽유형과 임파워먼트가 간호사의 직무만족 및 조직몰입에 미치는 영향』, 숙명여대 정책대학원 행정학과 석사학위논문, 2000.
- 최명민, 『사회복지사 셀프-임파워먼트 프로그램의 개발 및 효과성 연구』, 이화여자대학교 대학원 박사학위논문, 2001.
- 최민영, 『현장실습경험이 사회복지전공학생들의 임파워먼트에 미치는 영향에 관한 연구』, 이화여자대학교 대학원 석사학위논문, 2007.
- 최소연, 『사회복지사의 조직시민행동에 관한 연구』, 이화여자대학교 대학원 박사학위 논문, 2004.
- 최익봉, 『조직공정성, 신뢰와 조직유효성간의 관련성에 관한 연구』, 영남대학교 대학원 박사학위논문, 1998.

〈외국문헌〉

- Anderson, W. A., Bureaucracy and professionalism in the Social Services: A Multi-Dimensional Approach to the Analysis of Conflict and Congruity, Journal of Social Service Research, 5(2), pp.33～50, 1977.
- Anderson, J. C., & Gerbing, D. W., Structural equation modeling in practice: A review and recommended two-step approach, Psychological Bulletin, Vol. 103. pp.411～423, 1998.
- Atwood, J. D., Self-awareness in supervision, The Clinical Supervisor 4(3), pp.79～96, 1986.
- Bagozzi, R., & Yi, Y., On the Evaluation of Structural Equation Models, Journal of the Academy of Marketing Science, Vol. 16(1), pp.74～94, 1988.
- Baron, R. M., & Kenny, D. A., The Moderator-Mediator Variable Distinction in Social Psychological Research: Conceptual, Journal of Personality and Social Psychology, Vol. 51, pp.1173～1182, 1986.
- Bandura, A., Social Learning Theory, NJ: Prentice-Hall, 1976.
- Bandura, A., Self-efficacy: Towards a Unifying Theory and the Organization, Psychological

Review, Vol. 84, pp.191～215, 1977.

- Barker, D. L., The Social Work Dictionary, Silver Spring, Maryland: NASW, Washington: NASW Press, 1987.
- Barker, D. R., & Smith, S. L., A comparison of Field Faculty and Field Student Perceptions of Selected aspects of supervision, The Clinical Supervisor, 5(4), pp.31～42, 1987.
- Bogo, M., & Vayda, E., The Practice of Field Instruction in Social Work: Theory and Process, Toronto: University of Toronto Press. 1988.
- Bramucci, R. J., A Factorial Examination of the Self-Empowerment Construct, Eugene, OR: Department of Counseling Psychology, University of Oregon, 1977.
- Briggs, T. L., The Role of Field Instruction in Achieving the Manifest and Latent Functions of Professional Education, In T. L. Briggs & G. M. Gross(Eds). Field Instruction: The Perspectives on Partnership, NY: School of Social Work. Manpower Monograph, No 12, 1997.
- Chandler, G. E., The Relationship of Nursing Work Environment to Empowerment and Powerlessness, Salt Lake City, UT: University of Utah, 1986.
- Conger, J., & Kanungo. R. N., The Empowerment Press: Integrating Theory and Practice. Academy of Management Review, 13, pp.471～483, 1988.
- Deci, E. L., & Ryan, R. M., The Empirical Exploration of Intrinsic Motivational Processes, In L. Berkowitz(Ed.), Advances in Experimental Social Psychology, New York: Academic, 1980.
- Eisikovits, Z., & Guttman, E., Toward a Practice Theory of Learning through Experience in Social Work Supervision, The Clinical Supervisor, 1, pp.51～62
- Fischer, J., Social Work Revolution, Social Work, Vol. 26. pp.199～207, 1981.
- Freeman, E. M., The Importance of Feedback in Clinical Supervision: Implications for Direct Practice, The Clinical Supervisor, 3(1), pp.5～26, 1985.
- Freire, P., Pedagogy of the Oppressed, New York: Continuum, 1970.
- French, J. R., & Raven, B., The Bases of Social Power, In D. Cartwright(Ed.), Studies in Social Power, Ann Arbor, MI: Institute of Social Research, University of Michigan, 1959.
- Fortune, A. E., Student Satisfaction with Field Placement, Journal of Social Work Education, Vol. 3, pp.135～168, 1987.
- Fortune, A. E., Field Education. In F. G. Reamer(Ed.), The Foundation of Social Work Knowledge, New York: Columbia University Press, 1994.

- Garner, J. V., Empowerment in Social Work Field Education: Examining the Triadic Aspects of Empowerment in the Education Process of the Social Work Field Student. Doctoral Dissertation, The University of Texas, 2001.
- Gilbert, T., Nursing: Empowerment and the Problem of Power. Journal of Advanced Nursing, Vol. 16, pp.354～361, 1995.
- Gist, M. E., & Mitchell, T. R., Self-efficacy: A Theoretical Analysis of its Determinants and Malleability, Academy of Management Review, Vol.17, pp.183～211, 1992.
- Gitterman, A., & Miller, I., Supervisors as Educators. In F.W.E. Kaslow(Ed.), Supervision, Consultation, and Staff Training in the Helping Professions, San Francisco: Jossey-Bass, 1977.
- Glenmaye, L. & Delois, K., The Organizational Context of Empowerment: Implications for Social Work Administration, Social Work, Vol. 40(2), 1995.
- Greenwood, E., Attributes of a Profession Revisited. In N. Gilbert and H. Specht(Eds.) The Emergence of Social Welfare and Social Work. 2nd ed., Itasca, Ⅲ: F. E. Peacock, 1980.
- Guiterrez, L., Working with Women of Color, Social Work, Vol. 35, pp.149～153, 1990.
- Gutierrez, L., & Nurius, P., Education and Research for Empowerment Practice, Seattle, WA: Center for Policy & Practice Research, University of Washington, 1944.
- Hall, R. H., Professionalization and Bureaucratization. American Sociological Review, Vol. 33(1), pp.90～104, 1968.
- Hamilton, N., Designing Field Education, Springfield, IL: Charles C Thomas, 1981.
- Hair, J. F. & Anderson, R. E., Multivariate Data Analysis, NJ: Prentice-Hall, 5th ed, 1998.
- Holden, G., The Hospital Social Work Self-efficacy Scale: A Partial Replication and Extension, Health & Social Work, Vol. 22, pp.256～262, 1997.
- Hui, C., Effects of Leader Empowerment Behaviors and Follower's Personal Control, Voice, and Self-efficacy on In-role and Extra-role Performance: An extension and Empirical test of Conger's and Kanugo's Empowerment Process model, Doctoral Dissertation, University of Indiana, 1994.
- Jun, J. K., An Exploratory Model of the Relationships between Empowerment, Job Involvement, Job Satisfaction, Organizational Commitment, and Customer Orientation in the Hospitality Industry. Doctoral Dissertation, The virginia polytechnic Institute and State University, 1998.
- Kadushin, A. E. Field Education in Social Work: Contemporary Issues and Trends. In D.

Schneck, B. Grossman & U. Glassman(Eds.),

- Field Education in Social Work, Dubuque, IA: Kendall/Hunt, 1991.
- Kadushin, A. E., Supervision in Social Work, New York: Columbia University Press, 1992.
- Kanter, R. M., Men and Women of the Corporation, New York: Basic Books, 1977.
- Knight. C., A Study of MSW and BSW Students' Perception of Their Field Instruction, Journal of Social Work Education, Vol. 32, No. 3, pp.129～148, 2001.
- Kinlaw, D. C., The Practice of Empowerment: Making the most of human competence, Vermont: Brookfield, 1995.
- Laackmann, R. L., An Investigation of the Relationship between Subordinate Empowerment and Supervisor Influence Tactics, Vermillion, SD: University of South Dakota, 1992.
- Laschinger, H. K., Leader Behavior Impact on Staff Nurse Empowerment, Job Tension, and Work Effectiveness in a Newly Merged Tertiary Care Setting, Journal of Nursing Administration, 32(1), pp.145～167, 1999.
- NASW, NASW Code of Ethics, Washington, DC: NASW Press, 1993.
- Reamer, F. G., The Evolution of Social Work Knowledge. In F. G. Reamer(Ed), The Foundations of Social Work Knowledge, New York: Columbia University Press, 1994.
- Reamer, F. G., Client Right to Competent and Ethical Treatment, Research on Social Work Practice, Vol. 8, pp.597～603, 1998.
- Robbins, S. P., Contemporary Human Behavior Theory: A Critical Perspective for Social Work. Boston, MA: Allyn & Bacon, 1998.
- Richan, W. C., Empowering Social Work Students. In L. Gutierrez & P. Nurius, Education and Research for Empowerment Rractice. Seattle, WA: Center for Policy & Practice Research, University of Washington. 1994.
- Saleebey, D., The Strength Perspective in Social Work Practice: Extension and Cautions, Social Work, Vol.41, pp.296～305, 1996.
- Shor, I., Education is politics. In P. McLaren & P. Leonard(Eds.), Paulo Freire: A Critical Encounter. New York: Routledge, 1993.
- Shulman, E. D., Intervention in Human Services: A Guide to Skills and Knowledge, 3rd Edition, New York: The C. V. Mosby Company, 1982.
- Simon, B. L., The Empowerment Tradition in American Social Work, New York: Columbia University Press, 1994.
- Snizek, E., Hall's Professionalism Scale: An Empirical Research, American Sociological

Review, Vol.37, pp.109～115, 1972.

- Soloman, B., Empowerment Social Work in Oppressed. New York: Columbia University Press, 1976.
- Spreitzer, G. M., Psychological Empowerment in the Workplace, Academy of Management Journal. Vol. 38(5), pp.1442～1465, 1995.
- Staples, L. H., Powerful Ideas and Empowerment, Administration in Social Work, Vol. 14(2), pp.156～180, 1990.
- Thomas, K. W., & Velthouse, B. A., Cognitive Elements of Empowerment: An Interpretive Model of Intrinsic Task Motivation, Academy of Management Review, Vol.15(4), pp.666～681, 1990.
- Tymon, W. G., An Empirical Investigation of a Cognitive Model of Empowerment. Philadelphia, PA: Department of Psychology, Temple University, 1988.
- Vincenz, L. M., Development of the Vincenz Empowerment Scale, College Park, MD: Department of Human Development, University of Maryland, 1990.
- Vogt, J. F., & Murrel, K. L., Empowerment in Organization : How to Spark Exceptional performance, San Diego. C.A.: Pfeiffer & Company, 1990.
- Willensky, E., The Professionalization of Everyone?, American Journal of Sociology, Vol.70, pp.137～158, 1964.
- Wilson, S. A., The Self-Empowerment Index: A Measure of Internally and Externally Expressed Teacher Autonomy, Educational and Psychological Measurement, Vol. 53(3), pp.727～737.
- Zimmerman, M. A., Empowerment Theory: Psychological, Organizational, Community Leveless of Analysis, New York: Plenum, 1990.

부록

사회복지실습 관련 양식

사회복지현장실습확인서

<table>
<tr><th colspan="6">사 회 복 지 현 장 실 습 확 인 서 <2017.05.23.개정></th></tr>
<tr><td rowspan="3">실 습 생
인적사항</td><td>성명</td><td colspan="2"></td><td>생 년 월 일</td><td></td></tr>
<tr><td>전화번호</td><td colspan="2"></td><td>휴 대 전 화</td><td></td></tr>
<tr><td>학교/학과명</td><td colspan="2"></td><td>실습지도교수 성명</td><td></td></tr>
<tr><td rowspan="8">실습기관

및

실습지도자
인적사항</td><td>실습기관명</td><td colspan="2"></td><td>실습기관등록번호</td><td></td></tr>
<tr><td>주소</td><td colspan="3">※'도로명 주소'로 기입해 주세요</td><td>전화번호</td></tr>
<tr><td>실습기간</td><td colspan="4">년 월 일 부터 년 월 일 까지</td></tr>
<tr><td>실습시간</td><td colspan="4">총 시간 (1일 평균 시간)</td></tr>
<tr><td>실습지도자명</td><td></td><td colspan="2">사회복지사
자격번호
(취 득 일)</td><td>제 - 호
(. . .)</td></tr>
<tr><td colspan="2">실 습 지 도 자 경 력 기 간</td><td>기 관 명</td><td>직위</td><td>직종(직책)</td></tr>
<tr><td colspan="2">년 월 일 ~ 년 월 일</td><td></td><td></td><td></td></tr>
<tr><td colspan="2">년 월 일 ~ 년 월 일</td><td></td><td></td><td></td></tr>
<tr><td colspan="6">위와 같이 실습 내용을 확인합니다.
년 월 일
실습지도자 : (서명 또는 인)
실 습 기 관 : (직 인)
년 월 일
실습지도교수 : (서명 또는 인)

한국사회복지사협회장 귀하</td></tr>
</table>

○ 실습기관 등록번호는 한국사회복지사협회 사회복지현장실습 등록시스템((http://lic.welfare.net)에 실습기관으로 등록한 기관만 기재하시기 바랍니다.
○ 실습지도자, 실습기관, 실습지도교수의 서명 또는 직인은 세 개 모두 기재하여야 합니다.
○ 사회복지현장실습 확인서 작성 예시는 홈페이지(http://lic.welfare.net)를 참고하시기 바랍니다.
○ 본 문서는 국가자격증 발급에 결정적 영향을 줍니다. 허위사실 기재로 판명될 경우, 자격증 발급이 되지 않을 수 있으며 이미 발급되었다 하더라도 자격이 취소 될 수 있습니다. 또한, 자격 심사에 필요한 사항이 확인되지 않을 경우 추가 서류를 요청할 수 있습니다.

〈사회복지현장실습에 관한 기준〉－사회복지사업법 시행규칙 제3조 관련 [별표1]

① 실습기관 : 법 제2조제1호에 따른 사회복지사업과 관련된 법인·시설, 기관 및 단체로 한다.
② 실습지도자 : 사회복지사 1급 자격증을 소지한 자로서 3년 이상 또는 사회복지사 2급 자격증을 소지한 자로서 5년 이상 사회복지사업의 실무경험이 있는 자가 실습을 지도하여야 한다.
③ 실습시간 : 현장실습시간은 120시간 이상으로 한다.
※ 법령이 정한 상기 기준은 모두 충족해야 하며, 미충족시 자격증 취득이 불가능 합니다.

사회복지현장실습 간접실습 실시에 따른 사회복지현장실습 확인서

사회복지현장실습 확인서[간접실습 해당자]

<table>
<tr><td rowspan="2">실습생 인적사항</td><td>성명</td><td colspan="2"></td><td colspan="2">생년월일</td><td></td></tr>
<tr><td>전화번호</td><td colspan="2"></td><td colspan="2">휴대전화</td><td></td></tr>
<tr><td rowspan="6">실습기관 및 실습지도자 인적사항</td><td>실습기관명</td><td colspan="2"></td><td colspan="2">실습기관 관리번호</td><td></td></tr>
<tr><td>주소</td><td colspan="3">※ ‘도로명 주소’로 기입해 주세요</td><td>전화번호</td><td></td></tr>
<tr><td>기관실습 지도자명</td><td></td><td colspan="2">사회복지사 자격번호 (취득일)</td><td colspan="2">제 – 호 (. . .)</td></tr>
<tr><td>실습기간</td><td colspan="5">년 월 일 부터 년 월 일 까지</td></tr>
<tr><td>실습시간</td><td colspan="5">총 시간 (1일 평균 시간)</td></tr>
</table>

위와 같이 기관실습하였음을 확인합니다.

년 월 일

실습지도자 : (서명 또는 인)

실 습 기 관 : (직 인)

<table>
<tr><td rowspan="3">간접실습</td><td>학교명</td><td></td><td>간접실습 지도교수</td><td></td></tr>
<tr><td>학과명</td><td></td><td>간접실습 실시시간</td><td>총 시간</td></tr>
<tr><td>간접실습기간</td><td colspan="3">년 월 일 부터 년 월 일 까지</td></tr>
</table>

위와 같이 간접실습하였음을 확인합니다.

년 월 일

실습지도교수 : (서명 또는 인)

한국사회복지사협회장 귀하

○ 실습기관 관리번호는 보건복지부 장관이 선정 고시한 실습기관 관리번호를 기재하시기 바랍니다.
○ 실습지도자, 실습기관, 실습지도교수의 서명 또는 직인은 세 개 모두 기재하여야 합니다.
○ 본 문서는 국가자격증 발급에 결정적 영향을 줍니다. 허위사실 기재로 판명될 경우, 자격증 발급이 되지 않을 수 있으며 이미 발급되었다 하더라도 자격이 취소 될 수 있습니다. 또한, 자격 심사에 필요한 사항이 확인되지 않을 경우 추가 서류를 요청할 수 있습니다.

〈사회복지현장실습에 관한 기준〉– 사회복지사업법 시행규칙 제3조 관련 [별표1]

① 기관실습 실시기관 : 보건복지부장관으로부터 선정된 사회복지사업을 수행하는 기관, 법인, 시설 또는 단체
② 실습지도자 : 사회복지사 1급 자격증을 취득한 이후 3년 이상 또는 사회복지사 2급 자격증을 취득한 이후 5년 이상 사회복지사업의 실무경험이 있는 자로 기관실습이 실시되는 연도의 전년도에 8시간 이상의 보수교육을 받은 자
③ 실습시간 : 160시간 이상으로 한다(단, 2020.1.1. 기준 사회복지학 전공교과목과 사회복지관련 교과목의 전부 또는 일부 이수하였거나 수강하고 있는 사람은 120시간 이상).

[실습보고서 양식]

1. 사회복지현장실습 관련 서식 – 교육기관용

[교육기관 1] 실습의뢰서

실습의뢰서

○○○대학교(원) ○○대학 사회복지학과장

수신자
(참 조)
제 목 **사회복지현장실습 의뢰**

1. 항상 사회복지현장실습 교육을 위해 애써 주시는 귀 기관에 감사드립니다.
2. 사회복지현장실습을 수강하는 본교 사회복지학과 학생의 실습교육을 의뢰하오니 아래를 참조하시어 협조하여 주시기 바랍니다.

–아 래–

가. 학생명 : (학생연락처 :)
나. 실습기간 :
다. 실습지도교수 :
라. 실습담당조교 :
(연락처 : 사회복지학과 ☎)

별첨 : 실습신청서 1부. 끝.

○○○대학교(원) ○○대학 사회복지학과장(직인)

시행 처리과 – 일련번호(시행일자) 접수 처리과명 – 일련번호(접수일자)
우 주소 / 홈페이지 주소
전화( ) 전송( ) / 기안자의 공식 전자우편주소 / 공개구분

※ 교육기관의 상황에 따라 변경하여 사용할 수 있음

[교육기관 2] 실습신청서

실 습 신 청 서

○ 실습기관 :

1. 실습생 인적사항

이 름			생년월일		
소 속		학과/전공		학년/학기	
현주소					
전화번호	집 :		휴대폰 :		
E-Mail					

2. 실습 의뢰내용

실습 부서	
실습 분야	
실습 내용	
실습 기간	

* 상기 내용으로 귀 기관에 실습신청을 의뢰하며 실습생 프로파일을 동봉합니다.

신청인(학생명) : (인)

실습지도교수 : (인)

학과장/대학원장 : (인)

[교육기관 3] 실습생 프로파일

실습생 프로파일

1. 인적사항

<table>
<tr><td rowspan="5">(사진)</td><td>실습생명</td><td></td><td>성 별</td><td></td><td>생년월일</td><td></td></tr>
<tr><td>소 속</td><td colspan="5">대학교(원) 전공 학년(학기)</td></tr>
<tr><td>주 소</td><td colspan="5"></td></tr>
<tr><td>전화번호</td><td colspan="5">집 : 핸드폰 :</td></tr>
<tr><td>E-mail</td><td colspan="5"></td></tr>
</table>

2. 이수 전공과목

교과목명	이수 완료	현재 이수	교과목명	이수 완료	현재 이수	교과목명	이수 완료	현재 이수
사회복지개론			인간행동과 사회환경			사회복지실천론		
사회복지실천기술론			지역사회복지론			사회복지정책론		
사회복지행정론			사회복지법제론			사회복지조사론		
사회복지자료분석론			프로그램개발과평가			가족복지론		
아동복지론			청소년복지론			노인복지론		
여성복지론			장애인복지론			정신건강론		
정신보건사회복지론			의료사회복지론			학교사회복지론		
산업복지론			자원봉사론			사회문제론		
사회복지발달사			사회보장론			교정복지론		
사회복지윤리와철학			사회복지지도감독론			사회복지현장실습		

3. 경력

구분(취업, 실습, 봉사)	기 관	기 간	내 용

4. 사회복지를 전공하게 된 동기

5. 실습 기관 선택 이유

6. 실습을 통해서 성취하고자 하는 목표

7. 실습을 마친 후 목표달성 정도를 파악할 수 있는 기준

8. 사회복지를 실천하는데 있어 자신의 강점과 약점

1) 사회복지 지식 및 기술의 측면	2) 개인적인 특성 측면

9. 취미 및 특기

10. 실습기관, 실습지도자 및 실습지도교수에게 바라는 점

[교육기관 4] 사회복지현장실습생의 자세

사회복지현장실습생의 자세

우리는 사회복지 실습생으로서 사회복지사 윤리강령과 다음 사항을 준수한다.

1. 실습의 목적과 중요성을 충분히 이해하고 실습계약 사항을 이행하기 위하여 최선의 자세로 실습에 임한다.
2. 실습은 대학에서 학습된 이론을 구체적으로 적용하는 과정임을 인식하여 이에 최선을 다한다.
3. 실습교육기관의 구성원이라는 생각으로 타 구성원과 협력하며 친화적인 태도를 취한다.
4. 기관의 정책을 이해하고 수용하며 실습과정에서 준수하도록 한다.
5. 근무시간은 기관의 규정에 준하며 직원과 동일한 자세로 근무시간에 임하도록 한다.
6. 실습시작 최소 10분전에 출근하여 출근을 확인하며, 업무에 관계된 사항을 사전에 준비하도록 한다.
7. 결근, 조퇴, 지각 등 근태와 관련된 사항은 반드시 실습지도자에게 사전에 보고하여 허락을 받도록 한다.
8. 실습지도자의 지시뿐 아니라 타직원의 지도를 잘 이행하므로 실습효과를 최대화 하도록 한다.
9. 직무에 강한 책임감과 열의를 갖고 적극적으로 임하며 타인에게 책임을 전가하거나 태만하게 행동하지 않는다.
10. 실습으로 인하여 알게 된 클라이언트의 사적인 정보를 교육적 목적(대학실습지도 등) 이외에는 절대 발설하지 않으며, 교육적 목적이라 하더라도 가명을 사용하여 개인의 비밀이 침해되지 않도록 한다. 실습종료 후, 실습관련 내용을 학회지 등에 게재하고자 할 때는 반드시 실습지도자와 상의하여 허락을 받아야 한다.
11. 실습지도자의 지도 혹은 타실습생의 실습을 견학, 관찰할 경우 배우는 자세로 진지한 태도를 취한다.
12. 기관의 직원, 클라이언트 등에 대해 예의를 지킨다.
13 복장, 소지품은 실습 기관의 특성과 상황에 맞게 취하되 가능한 화려한 것을 피하고 검소하며 단정한 것으로 착용하도록 한다.
14. 안전사고에 만반을 기하도록 하며 안전사고와 관련된 기관의 규정을 사전에 숙지하여 그에 준해 처리하도록 한다.
15. 실습일지를 비롯한 각종 실습기록은 사실에 근거하여 정확하고 구체적으로 정리하여 실습시 실습지도자와 실습지도교수의 강평을 받는다.
16. 과제에 관하여 연구하고 그 결과물에 대해 실습지도자의 강평을 받는다.
17. 실습과정 중 어떤 경우라도 사례금 등의 금품을 절대 주거나 받지 않는다.
18. 과제물은 정해진 기일에 제출하고 출근 전에 작성을 마친다.
19. 기관의 명칭을 사적으로 활용하지 않으며 실습생의 신분을 지킨다.
20. 기관을 대표한다는 자세로 실습교육기관의 직원들과 동일한 업무 태도와 자세를 취한다.

2. 사회복지현장실습 관련 서식 - 실습기관용

[실습기관 1] 실습신청의뢰서

실습신청의뢰서

수신자
(참 조)
제 목 **사회복지현장실습 신청의뢰서**

1. 사회복지교육 및 연구활동을 통해 사회복지발전에 전력을 다하시는 귀하와 귀교의 무궁한 발전을 기원합니다.
2. 아래와 같이 사회복지현장실습 교육이 가능하오니 관심 있는 학생들이 참여할 수 있도록 협조를 부탁드립니다.

-아 래-

1. 실습부서/분야 :
2. 실습지도자 :
3. 대학별 배정가능 실습생수 :
4. 실습담당직원 : (☎ 연락처 :)
5. 실습비 :

별첨1 : 실습지도계획서
별첨2 : 실습지도자 프로파일

실습기관장(직인)

시행 처리과 - 일련번호(시행일자) 접수 처리과명 - 일련번호(접수일자)
우 주소 / 홈페이지 주소
전화( ) 전송( ) / 기안자의 공식 전자우편주소 / 공개구분

[실습기관 2] 실습지도계획서

실습지도계획서

ㅇ 실습지도자 :

1. 실습목적 :
2. 실습목표 :
3. 실습분야 :
4. 실습기간 :
5. 실습대상 :
6. 교육계획

단위시간	내 용	담 당	비 고

7. 실습지도방법
   - 개별실습지도 계획 :
   - 집단실습지도 계획 :
   - 기타 계획 :
8. 실습일정

주	월/일	시 간	실습내용	담 당	과제물

9. 실습생의 책임과 과제

10. 참고도서

[실습기관 3] 실습지도자 프로파일

실습지도자 프로파일

1. 인적사항

성 명		성 별	
기관명/부서		직 책	
담당업무		전 화	
이메일		팩 스	
최종학력		최종학력의 전공	
사회복지사 자격번호		사회복지 총 실무경험기간	년 개월

2. 실습지도 및 실습분야 관련 주요 교육배경

교육명	주관단체	기 간	수료/자격여부

3. 사회복지분야 근무경력

기관명	기 간	직 책	담당업무

4. 본인의 전공분야(현재 자신의 관심분야, 실천모델, 실천기술과 기법)

5. 실습지도자로서의 자신의 특성(강·약점)

6. 실습생에게 바라는 점

[실습기관 4] 실습의뢰에 대한 회신

실습의뢰에 대한 회신

귀 대학의 실습생의 실습의뢰를 수락합니다.

<table>
<tr><td>실습생명</td><td></td><td>소속대학</td><td></td></tr>
<tr><td>기관명</td><td colspan="3"></td></tr>
<tr><td>기관주소</td><td></td><td>전화번호</td><td></td></tr>
<tr><td rowspan="2">실습지도자</td><td>직위 :
부서 :
성명 :</td><td>연락처</td><td>전화 :
팩스 :</td></tr>
<tr><td>E-mail</td><td></td><td></td></tr>
</table>

실습기간	년 월 일 ~ 년 월 일 (오리엔테이션 일정 : 년 월 일 시)
필요서류	다음 서류를 실습개시일 ( )일전까지 우송바랍니다. – 실습생 프로파일 1부 – 실습비(원) (실습개시일 납부요망) – 기타 필요한 서류 ( )
실습을 위한 기타 준비사항	– 참고문헌 – 사전 과제물
대학에 대한 의견	

실 습 지 도 자 : (인)

기 관 장 : (인)

[실습기관 5] 실습생 출근부

실습생 출근부

□ 성명 :　　　　　　　　　긴급연락처 :　　　　　　　　　전자우편 :

월 일	출근시간	퇴근시간	실습생확인	실습 지도자확인	지각, 조퇴, 결근여부	사 유

* 기입요령 : 출근시간, 퇴근시간 표시, 퇴근 시 실습생 및 실습지도자가 확인하며, 지각, 조퇴, 결근 시 그 사유를 함께 기록함

[실습기관 6] 실습지도 기록서

실습지도 기록서

□ 실습지도자 :

□ 실　습　생 :

일 시	실습지도 내용	비 고

[실습기관 7] 실습평가서(교육기관 발송용)

실습평가서(교육기관 발송용)

기관명		실습지도자	
실습부서		실습지도교수	
실습기간			
실습생		평가일시	

* 출석상황

□ 무단결석 없음 □ 무단결석 1회 □ 무단결석 2회 □ 무단결석 3회 이상

* 다음은 실습생에 관한 평가입니다. 실습생이 실습지도 기간 동안 보여주었던 태도와 행동을 기준으로 아래 항목에 솔직하게 평가해주기 바랍니다.
실습내용에 포함되어 있는 사항에 관해서만 평가하여주시고, 평균에는 평가항목 총점을 평가항목 개수로 나눈 점수를 기입하면 됩니다.

(1점 : 매우 그렇지 못하다~5점 : 매우 그렇다)

항 목	내 용	1	2	3	4	5
실습 지도에 대한 태도	1. 실습지도 시간을 엄수한다.					
	2. 적극적이고 긍정적인 자세로 실습지도에 참여한다.					
	3. 실습지도에서 지적된 내용을 수용한다.					
	4. 배우는 입장에서 진지하게 노력하고 발전하려는 태도를 갖는다.					
	5. 실습지도자와 실습생으로서 공식적 관계를 형성한다.					
기관 이해 및 관계 유지	6. 동료실습생과 긍정적이고 원만한 협력 관계를 유지한다.					
	7. 기관의 목적, 정책, 규칙, 사업내용을 이해한다.					
	8. 기관 내에서 실습생으로서의 권한과 한계를 알고 일한다.					
	9. 기관 내 타직원과 협조적인 대인관계를 형성, 유지하여 업무를 처리한다.					

항 목	내 용	1	2	3	4	5
기본적 태도와 자질	10. 일의 우선순위를 결정하는 능력이 있다.					
	11. 할당된 시간 안에 일을 계획하고 수행한다.					
	12. 자신의 장점과 단점을 잘 인식하고 대응한다.					
	13. 사회복지실천 지식을 실습내용에 적용한다.					
	14. 사회복지실천의 가치와 윤리를 갖고 임한다.					
	15. 전문가로서의 편견, 선입견, 고정관념을 인식하고 객관성을 유지한다.					
	16. 실습지도 내용을 실행에 옮긴다.					
	17. 실습과정을 책임감 있게 수행한다.					
기록	18. 기록, 보고서 등을 정해진 일시에 제출한다.					
	19. 실습내용을 사실에 근거하여 정확하게 기록한다.					
	20. 실습내용을 체계적이고 구체적으로 기록한다.					
	21. 클라이언트와의 상호작용 및 실습생의 사고와 감정을 기록한다.					
	22. 실습지도를 통해 지적된 사항 및 배운 것을 정확히 기록한다.					
전문적 태도와 관계 형성	23. 클라이언트와 전문적 관계를 형성하고 활용한다.					
	24. 전문적 관계형성에서 동정과 감정이입을 구별하여 적용한다.					
	25. 주변의 자원을 파악하고 그것을 활용하려고 노력한다.					
	26. 비심판적이며 경청과 수용의 태도를 갖는다.					
	27. 클라이언트의 능력과 동기의 한계를 수용한다.					
	28. 실습지도자가 지시한 것을 잘 파악하여 실행에 옮긴다.					
개인에 대한 개입	29. 클라이언트가 표현한 의사소통과 암시적인 의사소통을 이해한다.					
	30. 실습생이 의도한 바를 클라이언트에게 명확하게 전달한다.					
	31. 클라이언트의 문제와 상황에 관련된 정확한 자료를 수집한다.					
	32. 수집된 자료를 체계적으로 종합하고 이론에 기초하여 사정한다.					
	33. 클라이언트 가족 등 주변의 지지자원을 활용한다.					
	34. 클라이언트와 환경의 상호역동성의 이해아래 개입목표와 전략을 수립한다.					
	35. 개입목표에 따라 클라이언트의 긍정적인 변화를 유도한다.					

항 목	내 용	1	2	3	4	5
가족에 대한 개입	36. 가족의 역동성을 파악하고 가족상황에 관련된 정확한 자료를 수집한다.					
	37. 가족의 구조를 명확히 이해하여 필요한 가족개입의 기술을 활용한다.					
	38. 가족의 상호역동성의 이해아래 개입목표와 전략을 수립한다.					
	39. 가족 구성원을 개별화하고 성원들이 긍정적으로 변화하도록 유도한다.					
집단에 대한 개입	40. 집단 역동을 파악하여 의미 있는 개입으로 집단을 지도한다.					
	41. 집단에서 주 진행자와 보조진행자의 의미와 역할을 알고 실천한다.					
	42. 집단의 구조를 명확히 하고 필요한 집단지도의 기술을 활용한다.					
	43. 집단 성원을 개별화하고 성원간 의미 있는 관계를 형성하도록 한다.					
	44. 집단의 목적에 대해 정확히 사정한다.					
	45. 정확한 사정에 입각하여 적절한 프로그램을 계획하고 실행한다.					
	46. 집단의 상호작용이 목적 지향적이고 성원들이 긍정적으로 변화하도록 한다.					
지역 사회에 대한 개입	47. 지역주민들이 지역사회의 요구와 문제를 파악하도록 돕는다.					
	48. 파악된 지역사회요구를 사회행동으로 계획하고 실행한다.					
	49. 지역사회구조와 권력에 대해 이해하고 그 지역사회 상황을 정확히 파악한다.					
	50. 지역사회자원을 정확히 파악하고 접근한다.					
정책 및 행정 분야	51. 정책형성 및 개선과 관련된 이해집단들의 문제 상황 및 요구와 정책발의자들 및 집행자들의 이해관계를 정확하고 객관적으로 이해한다.					
	52. 정책형성 및 개선과 관련된 이해집단과 건설적이고 전문적인 관계를 맺는다.					
	53. 문제 상황에 적합한 정책대안을 개발하는데 적극적으로 참여한다.					
	54. 기본정보를 정확히 사용하며 실증적인 자료 분석의 지식을 갖고 문제를 분석한다.					
	55. 사회복지행정체계 및 전달체계에 대해 정확하게 이해한다.					

항 목	내 용	1	2	3	4	5
기관 고유 항목*	56.					
	57.					
	58.					
	59.					
	60.					

* 기관 고유 항목에는 기관의 특성과 실습상황에 맞는 평가항목을 실습지도자가 추가적으로 직접 기입하고 평가할 수 있습니다.

<table>
<tr><td>총 평</td><td colspan="5">(※ 실습생의 실천가로서의 장단점 및 대학에 대한 건의)</td></tr>
<tr><td>평가문항 개수</td><td colspan="2"></td><td>총 점</td><td colspan="2"></td></tr>
<tr><td>평 균
(총점 ÷ 평가문항개수)</td><td colspan="5">(※ 기록 후 테이프 부착 후 실습지도자 서명 요망)</td></tr>
<tr><td rowspan="4">평점부여</td><td colspan="5">※ 여기에 부여하는 평점은 실습생이 받게 되는 성적표상의 최종 평점은 아닙니다. 교육기관 실습지도 점수와 함께 사회복지현장실습 평점 부여 시 주요 고려사항이 됩니다.</td></tr>
<tr><td>☐ A+</td><td>☐ B+</td><td>☐ C+</td><td>☐ D+</td><td rowspan="3">☐ F</td></tr>
<tr><td>☐ A0</td><td>☐ B0</td><td>☐ C0</td><td>☐ D0</td></tr>
<tr><td>☐ A−</td><td>☐ B−</td><td>☐ C−</td><td>☐ D−</td></tr>
</table>

실 습 지 도 자 : (인)

기 관 장 : (인)

[실습기관 8] 사회복지현장실습 교육 수료증

사회복지현장실습 교육 수료증

수료번호 : ○○○○(연도)－○○(번호)

○○대학(원) 성명 : ○○○ (학번)

상기 학생은 아래의 과정을 수료하였으므로 사회복지현장실습 교육 수료증을 발급합니다.

－아 래－

1. 실 습 지 도 자 :
2. 실습교육기관 :
3. 실 습 기 간 :
4. 실 습 분 야 :

년 월 일

○○기관장 (직인)

3. 사회복지현장실습 관련 서식 - 실습생용

[실습생 1] 실습생 서약서

실 습 생 서 약 서

본인은 ○○ 기관의 실습생으로서 다음의 사항을 준수할 것을 서약합니다.

1. 사회복지사 윤리강령
2. 클라이언트와 기관에 대한 비밀 유지
3. 실습교육기관 및 실습지도자의 요구사항

년 월 일

실습생 : (인)

○○ 기관 귀중

[실습생 2] 실습 계약서

실습 계약서

실습생명		소속 대학	
기관명		주소 / 전화번호	
실습지도자		실습지도교수	

1. 일반적 사항

(1) 실습기간 : ________년 ______월 ______일부터
________년 ______월 ______일 까지 총 ______일

(2) 업무시간 : 주 ______일 근무, ______시 부터 ______시 까지

(3) 대학 실습세미나 시간 : ______요일, ______시 부터 ______시 까지

(4) 결석에 대한 조치

2. 실습의 목적과 목표

(1) 목적

(2) 목표

3. 실습생의 의무와 책임

4. 실습지도자의 의무와 책임

5. 실습지도교수의 의무와 책임

상기 사항을 성실하게 이행하여 실습을 진행하도록 하겠습니다.

년 월 일

실 습 생 : (인)

실 습 지 도 자 : (인)

실 습 지 도 교 수 : (인)

[실습생 3] 실습일지

실 습 일 지

1. 실 습 생 명 :
2. 실 습 일 :
3. 오늘의 목표 :

4. 진행내용 (시간, 내용 등을 중심으로 기록)

5. 실습생 의견 (배운 점, 의문사항, 건의 등 포함)

6. 실습지도자 의견

[실습생 4] 실습기관 분석 보고서

실습기관 분석 보고서

실습생명		기관명	
기관주소	(전화 :)		
기관소개자	(부서 : 직책 :)		

1. 기관의 역사

(1) 기관 설립동기 및 설립목적

(2) 기관 사업의 역사적 변천

(3) 기관 역사에 대한 실습생의 평가

2. 기관의 목적

3. 기관의 주요사업 및 프로그램

(1) 클라이언트 및 대상 지역

(2) 주요사업

(3) 서비스 전달체계

(4) 기관의 대상층 및 주요사업에 대한 실습생의 평가

4. 기관의 행정사항

(1) 기관의 조직구조

(2) 예산, 후원 및 지원 사항

(3) 기관의 행정구조와 예산 사용 및 후원에 대한 실습생의 평가

5. 기관이 속한 지역사회, 물리적 환경의 특징

(1) 지역사회

(2) 물리적 환경(시설, 공간 등)

6. 사회복지기관으로서 지역 내 타 기관들과의 연계

(1) 관계유형 및 내용

(2) 기관의 타 기관과의 관계유지에 대한 실습생의 평가

7. 기관의 특별한 면이나 전반적인 사항에 대한 인상이나 느낌

[실습생 5] 사례관리 계획서

사례관리 계획서

실습생명 :

클라이언트명		성 별		조사일	
주 소		전화번호		작성일	
직 업		학 력		연 령	
의뢰경위		경제상태	□ 일반 □ 저소득 □ 수급자		

1. 일반적인 사항
- 가족상황, 경제상황, 건강 상황, 일상생활 및 주거상황, 사회심리적 상황, 자원활용상황

2. 클라이언트에 관한 사항
- 신체, 인지, 정서, 행동기능면 / 클라이언트의 강·약점

3. 욕구진술

4. 개입계획

욕 구	결과목표	세부목표	표적체계	개입전략 및 수행방법	비고(역할분담 등)

5. 서비스 일정표

날 짜	담 당	서비스 목표	서비스 내용	준비물	비 고

[실습생 6] 사례관리 진행일지

사례관리 진행일지(회)

클라이언트명		실습생명	
일 시		장 소	

1. 목표 및 내용

결과목표	하위목표	서비스목표	서비스내용

2. 과정기록

3. 평가

1) 목표달성 및 서비스 평가

2) 클라이언트에 대한 평가

3) 사례개입에 대한 자신의 역할 평가

4. 계획

[실습생 7] 사례관리 종결기록서

사례관리 종결 기록서

클라이언트명	
실습생명	
서비스제공기간	

1. 제공된 서비스

2. 사례관리 목표 달성정도

3. 사후지도 계획

[실습생 8] 집단지도 계획서(소집단용)

집단지도 계획서(소집단용)

집단명		집단지도자(실습생)명	
대 상		성원 수	
기 간		장 소	

1. 실시 배경

2. 목적

3. 목표

결과목표 1		결과목표 2	
하위목표 1-1		하위목표 2-1	
하위목표 1-2		하위목표 2-2	

4. 목표관련 지도 내용 및 구체적 수행방법

결과목표	하위목표	지도 내용	수행방법	비 고

5. 평가계획

평가지표	
평가도구	
평가방법	

6. 회기별 일정표

횟 수	일 시	목 표	내 용	준비물

7. 예산

[실습생 9] 집단과정 일지(소집단용)

집단과정 일지(소집단용)

집단지도자(실습생)명		집단명	
집단진행 날짜		집단 활동 장소	
참석자(　　명)명단			
결석자(　　명)명단			

1. 목표 및 세부목표

1. 목표 :

2. 세부목표 :

2－1.

2－2.

2. 집단진행요약

시 간	프로그램 내용	사회복지사의 역할

3. 과정 기록

1) 모임 전 단계(자리 위치 표시)

2) 모임 단계

3) 모임 후 단계

4. 평가

1) 목표 달성 및 프로그램 평가

2) 집단의 역동성(성원－성원, 성원－지도자)

3) 성원의 개별 평가(개인의 변화, 참여도, 지도자·타 회원과의 관계)

4) 지도자 자신에 대한 평가(역할 및 의도적 개입)

5. 다음 집단모임 계획

[실습생 10] 집단의 개별회원 분석표(소집단용)

집단의 개별회원 분석표[2](소집단용)

회원명		집단명	
회원 수		집단지도자(실습생)	

집단의 목표	
개인의 목표	

회 기	날 짜	참석여부 /참석인원	개인의 변화정도 및 내용	참여도	지도자와의 관계	타 회원과의 관계
1		/				
2		/				
3		/				
4		/				
5		/				
6		/				
7		/				

< 종합평가 >

2) 모든 집단지도 상황에서 활용되어야 하는 것은 아니며, 집단과정에서 개인의 변화를 민감하게 기록할 필요가 있을 경우에 활용할 수 있음

[실습생 11] 집단 종결 기록서(소집단용)

집단 종결 기록서(소집단용)

집단명		집단지도자(실습생)명	
집단진행 날짜		집단 활동 장소	
전체진행 회기 수		출석률	
주요 진행사항			

1. 회원의 평가
   1) 운영면
      (1) 프로그램 진행평가
      (2) 집단 참여 태도
   2) 프로그램 내용
   3) 목표달성
   4) 다음 프로그램에 대한 의견
   5) 지도자에 대한 평가

2. 지도자(실습생)의 평가
   1) 집단의 특징
   2) 회원의 참여도
   3) 집단성원에 대한 개별화의 정도
   4) 집단역동의 활용정도
   5) 집단에 대한 발달단계분석

구 분	초 기	중 기	말 기
참여도			
개인의 변화			
지도자와의 관계			
타 회원과의 관계			
기타( )			
기타( )			

[실습생 12] 프로그램 계획서(대집단 및 지역사회복지)

프로그램 계획서(대집단 및 지역사회복지)

프로그램명		지도자(실습생)명	
대 상		참여자 수	
기 간		장 소	

1. 프로그램 실시 배경

2. 프로그램 목적

3. 프로그램 목표

결과목표 1		결과목표 2	
하위목표 1-1		하위목표 2-1	
하위목표 1-2		하위목표 2-2	

4. 목표관련 지도 내용 및 구체적 수행방법

결과목표	하위목표	지도 내용	수행방법	비 고

5. 평가계획

평가지표	
평가도구	
평가방법	

6. 회기별 일정표

횟 수	일 시	목 표	내 용	준비물

7. 예산

[실습생 13] 프로그램 평가서(대집단 및 지역사회복지)

프로그램 평가서

프로그램명		지도자(실습생)명	
대 상		참여자 수	
기 간		장 소	

1. 프로그램 목적 및 목표달성 평가

결과목표	하위목표	달성 정도	평가 근거	의 의

2. 프로그램 과정 평가

1) 준비과정

2) 진행과정

3) 종결 및 정리과정

3. 프로그램 만족도 평가

4. 예산평가

5. 추후 프로그램을 위한 제언

[실습생 14] 사회복지정책 분석 보고서(정책개발 및 평가)

사회복지정책 분석 보고서

○ 분석자(실습생)명 :

정책명	
관련법규/지침	
주무부서	

1. 문제제기 및 분석목적

2. 분석한 정책의 주요 내용

3. 자료수집 및 분석방법

4. 분석결과 논의
   4.1 정책목표분석
   4.2 정책이 추구하는 가치 분석
   4.3 급여대상 분석
   4.4 급여의 적절성 분석
   4.5 급여의 전달체계 분석
   4.6 재정 분석

5. 관련정책과 관련한 주요 이해당사자의 입장 분석

6. 분석한 정책의 개선방향 및 전망

7. 총평

[실습생 15] 사회행동, 옹호활동 보고서(사회행동)

사회행동, 옹호활동 보고서

○ 분석자(실습생)명 :

구 분	요약 제시
사회행동명	
활동 목적	
참여자	
대상 집단	
옹호 대상	

1. 문제제기 및 활동목적

2. 참여자의 특성

3. 대상 집단의 특성

4. 옹호집단의 특성

5. 주요활동경과

6. 활동전략분석

6.1 대상 집단을 이기기 위한 힘을 얻기 위한 전략

6.2 합법성을 확보하기 위한 전략 (법적행동 포함)

6.3 타조직과 협력하는 전략

6.4 전술을 연결시키는 전략

6.5 협상을 전개하는 전략

6.6 홍보 및 언론활용 전략

7. 향후 행동 전략 제안

[실습생 16] 홍보기획서

사회복지기관(사업) 홍보 기획서

ㅇ 기획자(실습생)명 :

1. 상품(홍보하려는 기관이나 사업)의 특성 분석

(상품의 내용, 경쟁기관이나 사업의 존재여부 등)

2. 유치하려는 소비자 집단의 특성별 구분

3. 대상별 소비자에게 호소하기 위한 전략

(담당, 장소, 방법 등을 일목요연하고 자세히 제시)

4. 홍보일정

5. 홍보예산

7. 첨부(보도 자료, 광고전단, 안내지 자료, 홈페이지 자료 등)

[실습생 17] 개별면접 일지

개별면접 일지

실습생명		면접날짜와 시간	
클라이언트		면접 장소	

1. 면접 준비과정

2. 면접목표

1)

2)

3. 과정기록 및 분석

면접내용	실습생 분석	실습지도 내용

* 주요한 면접장면에 대해서는 대화체의 기록을 직접 인용하는 것이 권장됨.
* 면접자의 의도적인 개입, 언어적·비언어적 의사소통 모두에 주의하여 기록할 것.
* 상기 내용이 포함된다면, 기관 상황과 면접 상황에 맞추어 별도 양식 활용 가능.

4. 면접목표 달성에 대한 평가

5. 실습생 의견

6. 다음 면접 계획

[실습생 18] 가족상담 기록서

가족상담 기록서

클라이언트(IP)		성 별		연 령	
날 짜		장 소		총 회수/시간	
실습생명				실습지도자	

1. 의뢰과정

2. 문제 상황에 대한 가족의 정의

3. 가계도

4. 가족생태도 : 가족의 하위체계간 관계 등 기록

5. 가족의 사회자원망

6. 가족생활주기

7. 가족사정 및 이론적 근거

8. 개입 목표와 개입 전략

9. 개입 내용 정리

회 기	내 용	주요 질문과 내담자의 반응

10. 평가 및 사후관리계획

[실습생 19] 사회조사 계획서

사회조사 계획서

조사주제	
조사/분석일	
조사자(실습생)명	

1. 문제제기 및 조사문제의 제시
   1.1. 문제의 기술
   2.2. 검토될 조사문제에 대한 진술
   2.3. 문제의 중요성과 조사 필요성 제시

2. 조사와 관련한 문헌자료 검토
   2.1. 이론적 역사적 관점
   2.2. 문헌에서 파악된 차이점들 검토

3. 조사방법 제시
   3.1. 조사 설계와 자료수집절차
   3.2. 표집설계
   3.3. 대상에 대한 기술
   3.4. 측정방법 기술
   3.5. 자료 분석 절차

4. 예산

5. 기타 필요한 사항

6. 부록 (관련 참고문헌, 설문지 등 필요한 자료를 첨부할 수 있음)

[실습생 20] 사회조사 진행일지

사회조사 진행일지

조사주제	
진 행 일	
조사자(실습생)명	

1. 조사 진행 단계 기록

2. 조사과정에서 보완되어야 할 사항 기록

3. 추후 조사 진행 계획

[실습생 21] 사회조사 분석평가서

사회조사 분석 평가서

조사주제	
진 행 일	
조사자(실습생)명	

1. 문제제기 및 조사문제의 제시

1.1. 문제의 기술

2.2. 검토될 조사문제에 대한 진술

2.3. 문제의 중요성과 조사 필요성 제시

2. 조사와 관련한 문헌자료 검토

2.1. 이론적 역사적 관점

2.2. 문헌에서 파악된 차이점들 검토

3. 조사방법 제시

3.1. 조사 설계와 자료수집절차

3.2. 표집설계

3.3. 대상에 대한 기술

3.4. 측정방법 기술

3.5. 자료 분석 절차

4. 조사결과 제시

4.1. 기술적 분석

4.2. 인과적 분석

5. 논의점

5.1. 밝혀진 사항에 대한 설명

5.2. 실천에의 함의

5.3. 평가의 한계와 약점

6. 참고문헌

7. 부록 (설문지 외 조사와 관련된 주요자료 첨부)

[실습생 22] 기관방문분석 보고서

기관방문분석 보고서

* 특정 분야나 내용에 관심을 가지고 방문을 추진한 경우에는 별도의 양식을 활용하거나, 특정 내용만 선택하여 기록할 수 있습니다.

실습생명		방문기관명	
기관소재지	(전화 :)		
기관소개자	(부서 : 직책 :)		

1. 기관방문 목적

2. 기관방문을 위한 질의사항 및 응답 정리

3. 기관방문을 통해 알게 된 지식

〈검토할 사항 예시〉
1. 기관의 역사 (1) 기관 설립동기 및 설립목적 (2) 기관 사업의 역사적 변천 (3) 기관 역사에 대한 실습생의 평가 2. 기관의 목적 3. 기관의 주요사업 및 프로그램 (1) 클라이언트 및 대상 지역 (2) 주요사업 (3) 서비스 전달체계 (4) 기관의 대상층 및 주요사업에 대한 실습생의 평가 4. 기관의 행정사항 (1) 기관의 조직구조 (2) 예산, 후원 및 지원 사항 (3) 기관의 행정구조와 예산 사용 및 후원에 대한 실습생의 평가 5. 기관이 속한 지역사회, 물리적 환경의 특징 (1) 지역사회 (2) 물리적 환경(시설, 공간 등) 6. 사회복지기관으로서 지역 내 타 기관들과의 연계 (1) 관계유형 및 내용 (2) 기관의 타 기관과의 관계유지에 대한 실습생의 평가 7. 기관의 특별한 면이나 전반적인 사항에 대한 인상이나 느낌

[실습생 23] 지역탐방 보고서

지역탐방보고서

○ 조사자(실습생)명 : ○ 지역소개자 :

1. 탐방지역

2. 지역의 주요 사회지표 제시

3. 지역의 인구사회학적 특성

4. 지역의 사회경제학적 특성

5. 지역의 사회복지기관 및 자원 탐색

6. 필요하거나 보완되어야 할 사회복지서비스 제안

7. 결론

8. 첨부(관련 지도를 비롯한 탐방보고서 작성에 참조한 자료를 첨부할 수 있음)

[실습생 24] 실습 중간평가서

실습중간평가서

* 본 평가서는 사회복지현장실습 지침서를 참고하여 실습생 본인이 작성하며, 서술양식으로 작성한 뒤 실습 실습지도자와 평가회를 갖는 것을 추천함

실습생명		기관명	
실습기간		실습지도자	
실습평가일		실습지도교수	

1. 실습목표와 관련된 실습내용 및 역할에 대한 평가
   1.1. 수행한 실습내용 및 역할의 요약
   1.2. 평가
   1.3. 앞으로의 계획

2. 실습에 임한 자세 및 노력

3. 실습을 통해 배운 점

4. 앞으로 더 필요한 지식과 기술

5. 실습에서 어려웠던 점

6. 기관 및 실습지도자에게 건의할 점

[실습생 25] 실습평가서

실습종결평가서

* 본 평가서는 사회복지현장실습 지침서를 참고하여 종결평가 내용을 실습생 본인이 작성하며, 서술양식으로 작성한 뒤 실습지도자와 평가회를 갖는 것을 추천함

실습생명		기관명	
실습기간		실습지도자	
실습평가일		실습지도교수	

1. 실습일정에 대한 평가

2. 실습내용 및 역할에 대한 평가

3. 실습목표에 대한 평가

1) 구체적이고 적절한 목표 설정 여부
2) 목표의 달성 여부

4. 서비스 실천과정에 대한 평가 / 정책 및 행정 실습에 대한 평가

1) 문제 파악 및 자료수집 능력 / 문제 인식 능력
2) 문제 사정 능력 / 문제 분석 능력
3) 개입 기술 / 문제해결을 위한 대안제시능력
4) 면접 기술 / 기존지식과 정보의 사용능력
5) 기록 기술 / 기록 기술
6) 클라이언트와의 전문적인 관계 형성 / 유관 기관 및 관련된 사람들과 전문적인 관계 형성

5. 실습생의 자원 활용에 대한 평가(인적, 물적 자원)

1) 기관 외의 자원 활용
2) 실습과 관련된 참고서적의 활용

6. 실습에 임하는 자세에 대한 평가

1) 업무관리
   (1) 시간 준수, 과제제출
   (2) 주어진 일에 대한 업무조절 능력
2) 직원과의 관계(실습지도자, 타직원, 타 전문직 직원)
3) 다른 실습생과의 관계
4) 실습에 있어서의 적극성 및 자발성

7. 전문적 태도에 대한 평가

1) 사회복지사로서 실습생 자신의 장·단점에 대한 인식
2) 전문가로서 윤리 및 가치관의 이행

8. 실습지도 활용 정도에 대한 평가

1) 실습생 자신의 실습지도 활용정도에 대한 평가
   (1) 기관 실습지도
   (2) 대학 실습지도
2) 실습지도 자체에 대한 평가
   (1) 기관 실습지도
   (2) 대학 실습지도

9. 기관 이해도에 대한 평가

1) 실습생의 과업과 관련된 기관의 목적, 정책, 행정 절차에 대한 이해
2) 실습생으로서의 기관내의 권한과 한계에 대한 인식

10. 실습 기간 중 가장 유익했던 내용

11. 실습기간 중 가장 안 좋았던 내용

12. 실습 기관, 실습 지도자, 대학에 대한 건의사항

13. 기타 하고 싶은 말

[실습생 26] 사회복지현장실습확인서

<table>
<tr><td colspan="6">사 회 복 지 현 장 실 습 확 인 서 <2015.03.01.개정></td></tr>
<tr><td rowspan="3">실습생
인적 사항</td><td>성명</td><td></td><td>생년월일</td><td colspan="2">※ '주민등록번호' 앞자리 6개</td></tr>
<tr><td>전화번호</td><td></td><td>휴대전화</td><td colspan="2"></td></tr>
<tr><td>학교/학과명</td><td></td><td>실습지도교수 성명</td><td colspan="2"></td></tr>
<tr><td rowspan="9">실습기관
및
실습지도자
인적사항</td><td>실습기관명</td><td></td><td>실습기관등록번호</td><td colspan="2"></td></tr>
<tr><td>주소</td><td>※'도로명 주소'로 기입해 주세요</td><td>전화번호</td><td colspan="2"></td></tr>
<tr><td>실습기간</td><td colspan="4">년 월 일부터 ~ 년 월 일 까지</td></tr>
<tr><td>실습시간</td><td colspan="4">총 시간 (1일 평균 시간)</td></tr>
<tr><td>실습
지도자명</td><td></td><td>사회복지사
자격번호
(취 득 일)</td><td colspan="2">제 - 호
(. . .)</td></tr>
<tr><td colspan="2">실 습 지 도 자 경 력 기 간</td><td>기 관 명</td><td colspan="2">담당 업무</td></tr>
<tr><td colspan="2">년 월 일~ 년 월 일</td><td></td><td colspan="2"></td></tr>
<tr><td colspan="2">년 월 일~ 년 월 일</td><td></td><td colspan="2"></td></tr>
<tr><td colspan="6">위와 같이 실습 내용을 확인합니다.

년 월 일
실습지도자 : (서명 또는 인)
실 습 기 관 : (직인)

년 월 일
실습지도교수 : (서명 또는 인)

한국사회복지사협회장 귀하</td></tr>
<tr><td colspan="6">○ 실습기관 등록번호는 한국사회복지사협회 사회복지현장실습 등록시스템((http://lic.welfare.net)에 실습기관으로 등록한 기관만 기재하시기 바랍니다.
○ 실습지도자, 실습기관, 실습지도교수의 서명 또는 직인은 세 개 모두 기재하여야 합니다.
○ 사회복지현장실습 확인서 작성 예시는 홈페이지(http://lic.welfare.net)를 참고하시기 바랍니다.
○ 허위사실 기재로 판명될 경우, 자격증 발급이 되지 않을 수 있으며 이미 발급되었다 하더라도 자격이 취소 될 수 있습니다.</td></tr>
</table>

※ 실습생은 졸업 후 사회복지사 자격증 신청 시 성적증명서와 함께 제출해야 함

[실습생 27] 실습생 출근부

실습생 출근부

□ 성명 :　　　　　　　　긴급연락처 :　　　　　　　　전자우편 :

월 일	출근시간	퇴근시간	실습생확인	실습 지도자확인	지각, 조퇴, 결근여부	사 유

순덕기

• 경 력 •

한국열린사이버대학교 사회복지학과 교수
한국열린사이버대학교 상담복지대학장
한국복지경영연구소 소장
한국복지경영학회 명예회장
전,EBS 사회복지사 1급 및 공무원시험 특강강사

• 저서 및 논문 •

순덕기 외, 사회복지사상, 학지사, 2008
순덕기 저, EBS 방송교재, 사회복지개론외 다수, 2011.
순덕기 저, 사회복지정책론외 다수, 박문각, 2008.
순덕기 저, 보육실습, 퍼시픽북스, 2011.
순덕기 외, 노인복지론, 학지사, 2012.
순덕기 외, 사회복지실천론 양서원, 2016.
순덕기 외, NCS기반 사회복지현장실무론, 2017.
순덕기 저, 사회복지개론 2017.

4th Edition

사회복지 전문직 정체성 확립을 위한

사회복지현장실습

초판 발행 2011년 8월 25일
2 판 발행 2013년 3월 1일
3 판 발행 2016년 2월 15일
4 판 발행 2020년 9월 5일

발행인 이 웅 현
저 자 순 덕 기
발행처 **퍼시픽북스**
서울특별시 중구 충무로 29 아시아미디어타워 501호
TEL. 02-2272-7766(代) / FAX. 02-2272-7166
E-mail: papu77@daum.net

ISBN 979-11-6375-184-7

정가 **18,000원**